Christoph Kardinal Schönborn

Seht, Gottes Sohn!

Christoph Kardinal Schönborn

Seht, Gottes Sohn!

Gedanken zum Evangelium
im Markusjahr

molden verlag

Mit freundlicher Unterstützung von:

BUNDESKANZLERAMT KUNST

Der Autor hat verfügt, daß die ihm aus diesem Buch zustehenden Autorenhonorare für Stipendien für osteuropäische Studenten verwendet werden sollen.

Der Abdruck der Kommentartexte erfolgt mit freundlicher Genehmigung der „Kronen Zeitung“. Der Evangeliumstext folgt der Einheitsübersetzung der Heiligen Schrift, © 1980 Katholische Bibelanstalt, Stuttgart.

Die Deutsche Bibliothek – CIP-Einheitsaufnahme

Christoph Kardinal Schönborn
Seht, Gottes Sohn! – Gedanken zum Evangelium im Markusjahr/
Christoph Kardinal Schönborn
Wien: Molden Verlag, 2005
ISBN 3-85485-087-5

www.molden.at
Umschlagentwurf: Veronika Molden
Zum Titelbild: Diese Darstellung der Kreuzigung Jesu hängt im erzbischöflichen Haus in Wien. Die Einstiche erinnern an den Sturm der Hitlerjugend auf das Palais am 8. Oktober 1938.

Lektorat: Hubert Philipp Weber
Herstellung: René Billiani
Druck: Freiburger Graphische Betriebe GmbH

ISBN 3-85485-087-5

Inhalt

Die Zeit im Jahreskreis

Feste im Kirchenjahr

Einführung

Dem II. Vatikanischen Konzil (1962 – 1965) ist es zu verdanken, dass die Evangelien im Sonntagsgottesdienst nicht mehr wie Jahrhunderte lang zuvor nur über ein Jahr, sondern über drei Jahre verteilt gelesen werden. Das ergab die Möglichkeit, viel mehr Evangelienabschnitte zu hören, als es in nur einem Jahr möglich war. So wird, wie das Konzil wollte, „die Schatzkammer der Bibel weiter aufgetan" (Liturgiekonstitution Nr. 51). Die jetzigen drei „Lesejahre" haben jeweils einen der „synoptischen" Evangelisten zum Schwerpunkt: Matthäus, Markus und Lukas. Die Texte des Johannesevangeliums sind über die drei Jahre hin verteilt.

Nachdem ich bereits mit „Mein Jesus. Gedanken zum Evangelium" (Molden Verlag, Wien 2002) die Sonn- und Feiertage des „Matthäusjahres" auslegen durfte, freut es mich, hiermit das Lesejahr B, das „Markusjahr" mit kurzen Kommentaren begleiten zu können. Ich hoffe, bald auch in einem dritten Band die Evangelien des „Lukasjahres" zu erläutern.

Jeder der vier Evangelisten hat ein eigenes, ganz unverwechselbares Profil. Alle vier sprechen von Jesus. Alle vier bezeugen ihren Glauben an ihn als den ersehnten Messias Israels, den Sohn Gottes. Es ist unverkennbar der eine und selbe Meister, den sie verehren und lieben, dessen Taten und Worte sie genau überliefern. Es stimmt aber ebenso, dass die Evangelisten selbst, ihr Temperament, ihre Glaubensweise und ihre Glaubensgeschichte das Bild, das sie von Jesus zeichnen, mitprägen. Dabei verfälschen sie nicht die Gestalt Jesu, wohl aber beleuchten sie diese von verschiedenen Seiten.

Wer war Markus? Und welche Akzente setzt er? Er soll nach alter Überlieferung in Jerusalem beheimatet gewesen sein. Seine Mutter hieß Maria. In ihrem Haus pflegte sich die erste christliche Gemeinde zum Gebet und zum Gottesdienst zu versammeln (vgl. Apg 12,1-17). Wir sehen Markus als Gefährten des Barnabas im ersten „Missionsteam", das Paulus leitete. Dabei kam es um seine Person „zu einem heftigen Streit" zwischen Paulus und Barnabas. Der eine hielt ihn für die Mühen der Missionsreisen für ungeeignet, der andere wollte ihn unbedingt mitnehmen. Der Konflikt führte sogar zur zeitweiligen Trennung der beiden großen Missionsapostel. Barnabas nahm Markus mit in seine Heimat Zypern, um dort zu missionieren (Apg 15,36-40).

Später kam es wohl zur Versöhnung. Markus wurde dem gefangenen Paulus in Rom ein treuer Helfer und Bruder. Aber auch Petrus – wie Paulus damals schon in Rom – nennt Markus „meinen Sohn" (1 Petr 5,13).

So wundert es nicht, dass die spätere Überlieferung Markus als den „Interpreten" des Petrus sieht, der sorgfältig aufschrieb, was er von Petrus über Jesus gehört hatte. Nach der Überlieferung hat Petrus den Markus nach Ägypten gesandt, wo er der erste Oberhirte der jungen Christengemeinde wurde.

Hat Markus Christus persönlich gekannt? Wahrscheinlich zumindest am Schluss, bei seiner Gefangennahme und Passion (vgl. Mk 14,51f). Sicher gehörte er zum „Milieu" der ersten Gemeinde in Jerusalem. Ich frage mich, ob sein Bild von Jesus nicht stark von Petrus geprägt ist. Denn kein anderer Evangelist spricht so „menschlich" von Jesus wie er. Zorn und Trauer, leidenschaftliche Gemütsbewegungen Jesu sind bei Markus deutlicher benannt als bei den anderen Evangelisten.

So menschlich Jesus hier erscheint, so sehr unterstreicht gerade Markus auch seine Göttlichkeit. Das ganze Evangelium gipfelt im Zeugnis des römischen, heidnischen Hauptmanns angesichts des am Kreuz gestorbenen Jesus: „Wahrhaft, dieser Mensch war Gottes Sohn“ (Mk 15,39).

Alles, was Markus von Jesus berichtet, soll uns zum gleichen Glaubensbekenntnis führen wie dieser Soldat, der die qualvolle Hinrichtung Jesu leiten musste. Markus will mit seinem Evangelium das erreichen, was er bei Paulus und bei Petrus selbst erlebt hat: dass Menschen durch die Berichte über Jesus zum Glauben an ihn gelangen.

Um den Glauben geht es im Evangelium, nicht einfach um die Biographie einer interessanten Persönlichkeit. Das erste Wort, das Markus von Jesus berichtet, ist eine dringliche Aufforderung zum Glauben: „Die Zeit ist erfüllt, das Reich Gottes ist nahe. Kehrt um und glaubt an das Evangelium“ (Mk 1,15).

Das Denken wandeln, das Leben ändern und umkehren, darum geht es im Evangelium. Der neue Weg, den Jesus weist, ist nicht breit und bequem. Er verlangt das Ja zum eigenen Kreuz. Er kostet viel, aber er schenkt noch mehr. Es ist ein guter Tausch, die alten Wege aufzugeben und diesen neuen Weg zu gehen.

Ehe ich nun die folgenden einfachen Lesehilfen zum Evangelium auf ihren Weg zu den Leserinnen und Lesern schicke, sei ein Wort des Dankes angefügt. Er gilt vor allem der „Kronen Zeitung“. Sonntag für Sonntag stellt sie mir eine Seite zur Verfügung, um das jeweilige Evangelium zu kommentieren. Die meisten Texte in diesem Buch sind dort schon erschienen, einige Kommentare wurden der Vollständigkeit wegen ergänzt. Dankbar bin ich den guten Mitarbeiterinnen und Mitarbeitern in der Redaktion der „Krone“, aber auch meinen treuen Helfern in der Erzdiözese Wien, Frau Maria Faber, Herrn Andreas Gutenbrunner, Frau Christine Mitter und Frau Ingrid Cech, die meine Manuskripte abschreiben (ich schreibe immer noch am liebsten mit meiner Füllfeder) und bebildern, sowie Professor Erich Leitenberger, der oft hilft, wenn meine Texte zu lange sind. Schließlich danke ich Dr. Hubert Philipp Weber, der für die Herausgabe dieses Buches in lang bewährter Zusammenarbeit verantwortlich zeichnet.

Gewidmet sei dieser Band dem „Erfinder" der „Kronen Zeitung", Hans Dichand. Trotz so mancher Kritik an seiner Zeitung schätze und bewundere ich vor allem drei Eigenschaften an ihm: er ist ein genialer Zeitungsmacher; er ist in kritischen Situationen immer wieder „staatstragend" für das Gemeinwohl eingetreten; er hat auch in schwierigsten Zeiten nie dem Trend zu einer billigen und oft ungerechten Kirchenkritik nachgegeben. Dafür danke ich ihm und auch für seine großherzige Unterstützung so mancher guten Initiative. Ad multos annos!

Wien, am Fest Kreuzerhöhung,
14. September 2005

Gedanken zum Evangelium

Advent und Weihnachtszeit

1. Adventsonntag

Markusevangelium 13,24-37

Jesus sprach zu seinen Jüngern: In jenen Tagen, nach der großen Not, wird sich die Sonne verfinstern, und der Mond wird nicht mehr scheinen; die Sterne werden vom Himmel fallen, und die Kräfte des Himmels werden erschüttert werden. Dann wird man den Menschensohn mit großer Macht und Herrlichkeit auf den Wolken kommen sehen. Und er wird die Engel aussenden und die von ihm Auserwählten aus allen vier Windrichtungen zusammenführen, vom Ende der Erde bis zum Ende des Himmels.

Lernt etwas aus dem Vergleich mit dem Feigenbaum! Sobald seine Zweige saftig werden und Blätter treiben, wisst ihr, dass der Sommer nahe ist. Genauso sollt ihr erkennen, wenn ihr (all) das geschehen seht, dass das Ende vor der Tür steht.

Amen, ich sage euch: Diese Generation wird nicht vergehen, bis das alles eintrifft. Himmel und Erde werden vergehen, aber meine Worte werden nicht vergehen. Doch jenen Tag und jene Stunde kennt niemand, auch nicht die Engel im Himmel, nicht einmal der Sohn, sondern nur der Vater.

Seht euch also vor und bleibt wach! Denn ihr wisst nicht, wann die Zeit da ist. Es ist wie

1. Adventsonntag

mit einem Mann, der sein Haus verließ, um auf Reisen zu gehen: Er übertrug alle Verantwortung seinen Dienern, jedem eine bestimmte Aufgabe; dem Türhüter befahl er, wachsam zu sein.

Seid also wachsam! Denn ihr wisst nicht, wann der Hausherr kommt, ob am Abend oder um Mitternacht, ob beim Hahnenschrei oder erst am Morgen. Er soll euch, wenn er plötzlich kommt, nicht schlafend antreffen. Was ich aber euch sage, das sage ich allen: Seid wachsam!

Geglückter Advent

Der Advent beginnt mit dem selben Wort, mit dem das alte Kirchenjahr zu Ende ging: „Seid wachsam!“ Das Kirchenjahr beginnt mit dem ersten Adventsonntag.

Advent heißt Ankunft. Adventszeit ist Wartezeit auf einen, der kommen soll. Christen warten auf das Kommen Christi.

Das haben sie mit dem jüdischen Volk gemeinsam, das auch wartet und hofft, dass der Messias (der „Gesalbte“, auf Griechisch der „Christus“) kommt. Christen glauben, dass der Messias bereits gekommen ist, Jesus von Nazaret. Deshalb mündet der Advent in das Weihnachtsfest, das Fest der Geburt Jesu.

Aber Christen warten auch auf die zweite Ankunft Christi, seine Wiederkunft „mit großer Macht und Herrlichkeit“, wie Jesus selber es verheißen hat (Mk 13,26).

Wann diese geschehen wird, das wissen wir nicht, wir können es auch nicht berechnen, wir können nur wachsam darauf warten. Das verbindet die Christen mit dem jüdischen Volk: Beide warten auf den Messias, sein herrliches, befreiendes Kommen. Die Juden glauben, sein Name sei noch unbekannt, die Christen glauben, dass Jesus, der Christus und Sohn Gottes, einmal wiederkommen wird. Beiden aber, Juden wie Christen, ist das hoffnungsvolle Warten gemeinsam.

Von diesem Warten spricht auch das kleine Gleichnis Jesu im heutigen Evangelium: Der Türsteher, der Pförtner oder Portier, muss warten, bis der „Chef“ nach Hause kommt. Und da der Chef nicht gesagt hat, wann genau er heimkommt, muss der Pförtner so lange wach bleiben, bis er kommt, und wenn es erst zu Mitternacht und gar gegen Morgen ist. Warten erfordert Wachsamkeit. Wer auf das grüne Licht der Ampel wartet, schaut genau hin, um sofort losfahren zu können. Bei einem Fließband muss ständig genau überwacht werden, ob alle Vorgänge fehlerfrei ablaufen. Wer zu Hause auf Gäste wartet, hat die Ohren gespitzt, wann es läuten wird.

Unser heutiges Leben erfordert von den meisten Menschen viel Wachsamkeit. Im Straßenverkehr können schon sekundenkurze Unaufmerksamkeiten tödliche Folgen haben. So ist uns die Aufforderung Jesu nicht fremd: Seid wachsam!

Jesus meint aber mehr, als im Verkehr und im Umgang mit der Technik aufzupassen. Es geht vor allem um die wache Aufmerksamkeit für den Nächsten. Es ist etwas Schönes, Menschen zu begegnen, die für andere aufmerksam sind, die auf andere eingehen können, die spüren, was sie bewegt, was sie brauchen.

Wach durchs Leben gehen, erfordert ein offenes Auge, ein bereites Herz, das nicht nur um sich selber kreist oder nur sich selber sieht. Nur so ein waches Leben ist wirklich spannend und bereichernd.

Der Advent will uns wach machen. Erstaunlich viele gehen in diesen Wochen frühmorgens in die so genannten Rorate-Messen. Es tut gut, in früher Stunde wachend und betend zusammenzukommen.

Advent erinnert an das erste Kommen Jesu als Kind in Betlehem und an sein zweites Kommen am Ende der Zeit. Doch liegt dazwischen noch ein drittes Kommen Jesu: Wenn er an die Türe meines Lebens klopft, heute, unscheinbar und leise, wenn er zu mir kommen will, unerwartet: Ob ich dann wach bin oder er mich schlafend antrifft? Dieses stille Kommen kann jederzeit geschehen: durch einen Menschen, der mich braucht; durch das Gebet, in dem Gott mir zu Herzen spricht; durch eine Krankheit, die mich heimsucht; durch ein glückliches Ereignis, von dem ich ahne, dass es ein Geschenk Gottes ist. Wachsein für dieses tägliche Kommen Gottes, das ist ein geglückter Advent.

2. Adventsonntag

Markusevangelium 1,1-8

Anfang des Evangeliums von Jesus Christus, dem Sohn Gottes: Es begann, wie es bei dem Propheten Jesaja steht: Ich sende meinen Boten vor dir her; er soll den Weg für dich bahnen. Eine Stimme ruft in der Wüste: Bereitet dem Herrn den Weg! Ebnet ihm die Straßen! So trat Johannes der Täufer in der Wüste auf und verkündigte Umkehr und Taufe zur Vergebung der Sünden. Ganz Judäa und alle Einwohner Jerusalems zogen zu ihm hinaus; sie bekannten ihre Sünden und ließen sich im Jordan von ihm taufen. Johannes trug ein Gewand aus Kamelhaaren und einen ledernen Gürtel um seine Hüften, und er lebte von Heuschrecken und wildem Honig. Er verkündete: Nach mir kommt einer, der ist stärker als ich; ich bin es nicht wert, mich zu bücken, um ihm die Schuhe aufzuschnüren. Ich habe euch nur mit Wasser getauft, er aber wird euch mit dem Heiligen Geist taufen.

Ursprung des Anfangs

Was war am Anfang? Wie fing alles an? Alle vier Evangelien beginnen mit einem Blick auf den Ursprung der Frohen Botschaft, auf die Anfänge Jesu und seiner Kirche.

Der Evangelist Matthäus beginnt mit einem Stammbaum Jesu, der über David bis zum Stammvater Abraham zurückführt. Jesus ist die Frucht der langen Geschichte Gottes mit Abraham und seinen Nachkommen.

Der hl. Lukas eröffnet sein Evangelium mit einem historischen Prolog. Er widmet seine Schrift mit all dem, „was sich unter uns ereignet hat“ (Lk 1,1), einem christlichen Wohltäter, Theophilus mit Namen, dem er zeigen will, wie zuverlässig die Berichte über diese Ereignisse sind und dass er sich auf deren Glaubwürdigkeit verlassen kann.

Das Johannesevangelium hebt mit dem berühmten Prolog an, der bis in die tiefsten, geheimnisvollsten Ursprünge der im Evangelium aufgezeichneten Geschehnisse Jesu hineinleuchtet: „Im Anfang war das Wort und das Wort war bei Gott, und das Wort war Gott“ (Joh 1,1). Der „Anfang“ ist hier das innerste Lebensgeheimnis Gottes selbst, der Ursprung aller Ursprünge, der anfanglose Ursprung in Gott selber, den wir in christlicher Sprache das Geheimnis der Heiligsten Dreifaltigkeit nennen. Johannes betrachtet, wie aus diesem Urquell alles hervorgeht, die Schöpfung, das Leben, das Licht, und vor allem das mensch- und fleischgewordene ewige Wort, der Sohn Gottes, der Messias Jesus Christus, von dem wir „Gnade über Gnade empfangen haben“ (vgl. Joh 1,16).

Den kürzesten Prolog bietet das kürzeste der vier Evangelien. Der hl. Markus war Schüler und Begleiter des Apostels Petrus und dessen Dolmetscher in Rom (so sagt eine alte Überlieferung), aber auch Missionsgefährte und Helfer des Apostels Paulus, mit dem er zeitweise einen heftigen Konflikt hatte, dem er aber in Rom in der Zeit der Gefangenschaft eine treue Stütze war. Markus soll vor allem die Predigt des Apostels Petrus wiedergegeben haben. Sein Evangelium ist knapp, gibt weniger die Reden Jesu wieder als vielmehr seine Taten. Es zeigt uns Jesus lebhaft, oft mit starken Gemütsbewegungen. Es spiegelt, so will mir scheinen, gut das Temperament des Apostels Petrus wider.

Markus stellt seinem Evangelium nur einen kurzen Satz voraus. Aber welches Gewicht hat jedes Wort! „Anfang des Evangeliums“: das kann einfach nur den Beginn des Buches meinen, das wir in Händen haben. Aber auch Johannes spricht vom „Anfang“, wie auch das erste Wort der Bibel: „Im Anfang schuf Gott Himmel und Erde“ (Gen 1,1).

„Anfang“ meint hier nicht nur den zeitlichen Beginn, sondern auch den Ursprung. Das Evangelium kommt aus tiefster Quelle, es entspringt im lebendigen Gott selber. Es ist Seine Leben spendende Botschaft, die alle Menschen erreichen soll, damit alle das Leben haben, und es „in Fülle haben“.

Der göttliche Ursprung der Frohen Botschaft ist uns nahe gekommen. Er hat einen Namen: Jesus selber ist der „Ort“, in dem der Ursprung gegenwärtig ist. Daher will das Evangelium vor allem eines: seine Leser zum Glauben an Jesus führen. Durch den Glauben bekommen wir Zugang zum Urquell, der in Jesus offen steht.

Dazu sind zwei Glaubensschritte notwendig: zu bekennen, dass Jesus der Messias, der Christus, den Israel erwartet, ist. In der Mitte des Markusevangeliums wird Petrus dieses Bekenntnis aussprechen: „Du bist der Messias“ (Mk 8,29). Am Schluss des Evangeliums, im Angesicht des am

Kreuz Gestorbenen, wird der römische Hauptmann den zweiten Schritt tun: „Wahrhaftig, dieser Mensch war Gottes Sohn“ (Mk 15,39).

Zu diesem doppelten Glaubensbekenntnis, das der erste Satz des Evangeliums vorweg ausspricht, sollen die Hörer und Leser geführt werden. Als erster Zeuge dafür tritt Johannes der Täufer auf, der dem Herrn Jesus Christus den Weg bereitet. Als letzte sehen wir die Apostel, wie sie in die ganze Welt hinausziehen, das Evangelium zu verkünden. Dabei entfernen sie sich nicht vom Anfang, denn Christus, der bleibende Ursprung des Evangeliums, begleitet und bekräftigt ihre Mission – bis heute!

3. Adventsonntag

Johannesevangelium 1,6-8.19-28

Es trat ein Mensch auf, der von Gott gesandt war; sein Name war Johannes. Er kam als Zeuge, um Zeugnis abzulegen für das Licht, damit alle durch ihn zum Glauben kommen. Er war nicht selbst das Licht, er sollte nur Zeugnis ablegen für das Licht. – Dies ist das Zeugnis des Johannes: Als die Juden von Jerusalem aus Priester und Leviten zu ihm sandten mit der Frage: Wer bist du?, bekannte er und leugnete nicht; er bekannte: Ich bin nicht der Messias. Sie fragten ihn: Was bist du dann? Bist du Elija? Und er sagte: Ich bin es nicht. Bist du der Prophet? Er antwortete: Nein. Da fragten sie ihn: Wer bist du? Wir müssen denen, die uns gesandt haben, Auskunft geben. Was sagst du über dich selbst? Er sagte: Ich bin die Stimme, die in der Wüste ruft: Ebnet den Weg für den Herrn!, wie der Prophet Jesaja gesagt hat. Unter den Abgesandten waren auch Pharisäer. Sie fragten Johannes: Warum taufst du dann, wenn du nicht der Messias bist, nicht Elija und nicht der Prophet? Er antwortete ihnen: Ich taufe mit Wasser. Mitten unter euch steht der, den ihr nicht kennt und der nach mir kommt; ich bin es nicht wert, ihm die Schuhe aufzuschnüren. Dies geschah in Betanien, auf der anderen Seite des Jordan, wo Johannes taufte.

Johannes, der Wegbereiter

Hager, mit einer Art Fell als Gewand, mit einem Stab in der einen Hand, die andere ausgestreckt, mit dem Zeigefinger auf Jesus hinweisend, so stellt ihn die Kunst dar. Johannes ist sein Name, Johannes der Täufer.

Um ihn geht es heute. Wer war er? Diese Frage wird ihm von den religiösen Autoritäten aus Jerusalem gestellt: Wer bist du? Seine Eltern hießen Zacharias und Elisabet. Sein Vater war jüdischer Priester, seine Mutter eine Verwandte der Maria von Nazaret, die die Mutter Jesu werden sollte. Elisabet war unfruchtbar, und es wurde zu Recht als ein Wunder empfunden, als sie sehr spät dann doch ein Kind bekam: Johannes. Über seine Kindheit wissen wir nichts Näheres, nur dass er früh in die Wüste ging, wahrscheinlich zu den Leuten, die damals in einer Art Kloster beim Toten Meer lebten, wie die Essener. Ein solches Kloster hat man in Qumran ausgegraben, wo man auch die berühmten Schriftrollen gefunden hat.

Um das Jahr 30 begann Johannes zu predigen und zur Buße aufzurufen, mit großem Zulauf. Er tauchte die Umkehrwilligen im Jordan unter, zum Zeichen der Reinigung und des Neuanfangs. Dass so viele kamen, machte die Obrigkeit in Jerusalem stutzig. Sie wurden nervös, denn das Klima war aufgeheizt, spannungsgeladen. Viele warteten, dass etwas passiert, dass einer kommen wird, Jerusalem und Israel vom verhassten Joch der Römer zu befreien.

Die Frage lag in der Luft: Ist der Johannes in der Wüste, am Jordan der rettende Messias?

„Ich bin es nicht!" Johannes weist alle Spekulationen zurück. Was willst du dann? „Ich bin die Stimme, die in der Wüste ruft: Ebnet den Weg für den Herrn."

Noch heute sagen wir von einem mutigen Mahner: „Ein Rufer in der Wüste".

Das ist der „Beruf" des Johannes. Er hat nicht sich selber im Blick, will Wegbereiter sein. „Ich bin ein Gesandter, der ihm vorausgeht" (Joh 3,28), sagt er einmal im Hinblick auf Jesus. Und damals sagt er auch dieses große Wort: „Er muss wachsen, ich aber muss kleiner werden" (Joh 3,30).

Johannes ist einer, der sich selber ganz zurücknimmt. Er wird der Vorläufer genannt, und so versteht er seinen Dienst als ganz vorläufigen. Die Menschen, die zu ihm kommen, sollen nicht an ihm hängen bleiben, sondern zum Glauben an Jesus Christus finden.

Johannes ist als Mensch ein großes Vorbild. Er stellt sich nicht in den Mittelpunkt, er will Helfer, Mittler, Wegbereiter und Wegbegleiter sein. Jeder kann sich von ihm in dieser Haltung etwas abschneiden.

Johannes ist als Gläubiger ein großes Vorbild. Er will Stimme sein, ganz auf Gott und seinen Gesandten Jesus Christus verweisen. Er steht Gott nicht im Weg, sondern zeigt den Weg zu Gott. Es macht ihm Freude, wenn er dazu dienen kann, dass andere zum Glauben finden. Jeder von uns kann nur staunend und dankbar an dieser Haltung Maß nehmen: Bereitet dem Herrn den Weg!

4. Adventsonntag

Lukasevangelium 1,26-38

Im sechsten Monat wurde der Engel Gabriel von Gott in eine Stadt in Galiläa namens Nazaret zu einer Jungfrau gesandt. Sie war mit einem Mann namens Josef verlobt, der aus dem Haus David stammte. Der Name der Jungfrau war Maria. Der Engel trat bei ihr ein und sagte: Sei gegrüßt, du Begnadete, der Herr ist mit dir. Sie erschrak über die Anrede und überlegte, was dieser Gruß zu bedeuten habe. Da sagte der Engel zu ihr: Fürchte dich nicht, Maria; denn du hast bei Gott Gnade gefunden. Du wirst ein Kind empfangen, einen Sohn wirst du gebären: dem sollst du den Namen Jesus geben. Er wird groß sein und Sohn des Höchsten genannt werden. Gott, der Herr, wird ihm den Thron seines Vaters David geben. Er wird über das Haus Jakob in Ewigkeit herrschen, und seine Herrschaft wird kein Ende haben. Maria sagte zu dem Engel: Wie soll das geschehen, da ich keinen Mann erkenne? Der Engel antwortete ihr: Der Heilige Geist wird über dich kommen, und die Kraft des Höchsten wird dich überschatten. Deshalb wird auch das Kind heilig und Sohn Gottes genannt werden. Auch Elisabet, deine Verwandte, hat noch in ihrem Alter einen Sohn empfangen; obwohl sie als unfruchtbar galt, ist sie jetzt schon im sechsten

4. Adventsonntag

Monat. Denn für Gott ist nichts unmöglich. Da sagte Maria: Ich bin die Magd des Herrn; mir geschehe, wie du es gesagt hast. Danach verließ sie der Engel.

Wie soll das geschehen?

Das Evangelium von der Verkündigung gehört zu den bekanntesten. In zahllosen Darstellungen ist diese Szene zu sehen, wie der Engel Gabriel Maria die Botschaft bringt, sie werde ein Kind empfangen, das „Sohn des Höchsten", also Sohn Gottes genannt werden wird und das ohne Ende herrschen werde. Meist haben die Künstler versucht, das Erschrecken Marias darzustellen. Die alte Überlieferung sagt, Lukas, der diese Szene aufgezeichnet hat, sei nicht nur Arzt gewesen, sondern auch Maler. Auf jeden Fall hat er eine große Gabe, Ereignisse sehr plastisch zu schildern.

Doch woher nimmt Lukas sein Wissen? Ist es glaubwürdig? Ist es überhaupt glaubbar, dass ein Kind nicht von einem Mann gezeugt, sondern vom Heiligen Geist empfangen sein soll?

Lukas sagt selber, er sei „allem von Grund auf sorgfältig nachgegangen", damit seine Leser sich „von der Zuverlässigkeit der Lehre überzeugen" können (Lk 1,3-4). Ich denke, nur ein Mensch konnte hier für Lukas ein zuverlässiger Zeuge sein: Maria selbst. Sie allein war Zeuge der Szene mit dem Engel. Sie allein wusste, dass das Kind, das sie empfangen und geboren hat, von keinem Mann kam, sondern ihr auf wundersame Weise von Gott geschenkt worden war. Sie allein konnte darüber sprechen, und ich nehme an, sie hat es denen gegenüber getan, die bereits in ihrem Herzen glaubten, dass ihr Sohn Jesus wirklich der Sohn Gottes war.

Spötter gab es ja genug, schon in Nazaret, die munkelten, Maria habe ihr Kind gar nicht von Josef, mit dem sie noch gar nicht zusammen gekommen war, sondern von einem Fehltritt mit einem römischen Soldaten namens Pantera. Das Gerücht hielt sich lange und wurde auch in polemischen Schriften gegen die Christen weiterverbreitet.

Maria selber fragt: „Wie soll das geschehen, da ich keinen Mann erkenne?“ Sie bekommt die Antwort: „Für Gott ist nichts unmöglich.“ Und dann erlebt sie am eigenen Leib, dass das Menschenunmögliche für Gott möglich ist: Sie wird Mutter, erwartet ein Kind und glaubt, dass es Gottes Sohn ist, den sie im Schoß trägt. Als sie ihn arm in Betlehem zur Welt bringt, glaubt sie sicher, dass sie in dieser stillen, heiligen Nacht den Retter, den Heiland geboren hat.

Aber das alles hätte ihr niemand geglaubt, wenn nicht viele andere zumindest ähnliche Erfahrungen gemacht hätten: Die Hirten vom benachbarten Feld, die Weisen, die von weither, aus dem Osten kamen, und später die vielen, die Jesus, ihrem Sohn begegneten, seine Kraft der Heilung, sein Verstehen, seine Liebe erlebten und ihrerseits zum Glauben kamen: Du bist Christus, der Sohn des lebendigen Gottes.

Bis heute gibt es sie, die Menschen, die zu Weihnachten dankbar feiern, dass Gott wirklich zu uns als Mensch gekommen ist – durch Maria.

Weihnachten

Lukasevangelium 2,1-14

In jenen Tagen erließ Kaiser Augustus den Befehl, alle Bewohner des Reiches in Steuerlisten einzutragen. Dies geschah zum ersten Mal; damals war Quirinius Statthalter von Syrien. Da ging jeder in seine Stadt, um sich eintragen zu lassen. So zog auch Josef von der Stadt Nazaret in Galiläa hinauf nach Judäa in die Stadt Davids, die Betlehem heißt; denn er war aus dem Haus und Geschlecht Davids. Er wollte sich eintragen lassen mit Maria, seiner Verlobten, die ein Kind erwartete. Als sie dort waren, kam für Maria die Zeit ihrer Niederkunft, und sie gebar ihren Sohn, den Erstgeborenen. Sie wickelte ihn in Windeln und legte ihn in eine Krippe, weil in der Herberge kein Platz für sie war. In jener Gegend lagerten Hirten auf freiem Feld und hielten Nachtwache bei ihrer Herde. Da trat der Engel des Herrn zu ihnen, und der Glanz des Herrn umstrahlte sie. Sie fürchteten sich sehr, der Engel aber sagte zu ihnen: Fürchtet euch nicht, denn ich verkünde euch eine große Freude, die dem ganzen Volk zuteil werden soll: Heute ist euch in der Stadt Davids der Retter geboren; er ist der Messias, der Herr. Und das soll euch als Zeichen dienen: Ihr werdet ein Kind finden, das, in Windeln gewickelt, in einer Krippe liegt. Und plötzlich war bei dem Engel ein großes himmlisches Heer, das Gott lobte und sprach: Verherrlicht ist Gott in der Höhe, und auf Erden ist Friede bei den Menschen seiner Gnade.

Werden wie ein Kind!

Was für ein Gegensatz! Der große Kaiser Augustus, der mächtigste Mann der damaligen Zeit, der Herrscher über das gewaltige römische Reich, er befiehlt, und alles hat sich zu beugen. Überall in seinem Weltreich müssen die Menschen sich in Steuerlisten eintragen lassen, damit aus allen Teilen des Reiches genügend Steuern fließen, die der Kaiser braucht, um sein Reich zu finanzieren, seine militärische Macht aufrecht zu erhalten und auszubauen, um überallhin das großartige Straßennetz des Römerreiches zu legen, um die großen Paläste, Theater, Bäder, Stadien zu errichten.

Wie winzig ist daneben das Schicksal dieser kleinen Familie aus Nazaret, die sich aufmacht, um dem kaiserlichen Befehl zu folgen und sich in der Heimatstadt Josefs, in Betlehem, in die Steuerlisten eintragen zu lassen. Sie sind so unbedeutend, dass für sie kein Kaiserpalast, ja nicht einmal ein Quartier in der örtlichen Gastwirtschaft offen steht. Ein Stall muss herhalten, um der Mutter die Niederkunft zu ermöglichen.

Heute feiern wir nicht den Kaiser Augustus, sondern die Geburt im Stall zu Betlehem. Denn dieses Kind wird kurz vor seiner Kreuzigung zum Vertreter des römischen Kaisers, zum Statthalter Pontius Pilatus sagen: „Du hättest keine Macht, wenn sie dir nicht von oben gegeben wäre“ (Joh 19,11).

Nicht der Kaiser ist der Herr der Welt, sondern das Kind in der Krippe. Die Namen der Kaiser wie der anderen Großen dieser Welt sind längst vergangen und vergessen, aber immer noch wird überall auf Erden die Geburt dieses Kindes gefeiert.

Immer noch gilt, was damals den armen Hirten auf dem Feld bei Betlehem ein Engel angesagt hat: „Ich verkünde euch eine große Freude. Heute ist euch der Retter geboren, der Heiland, der Herr.“ Noch immer gilt dieses „Heute“.

Seit dieses Kind geboren wurde, hört es nicht auf, seine Herrschaft zu zeigen, nicht mit Panzern, wie sie heute in Betlehem stehen, sondern mit seiner Botschaft, die die Engel in der armen Nacht seiner Geburt gesungen haben: „Ehre sei Gott in der Höhe und Frieden auf Erden den Menschen seiner Gnade.“ Immer noch ist, gegen allen Anschein, die Macht der Liebe größer als die der Waffen, sind die Friedensstifter selig zu preisen, nicht die Gewalttätigen.

In Betlehem, im Heiligen Land, herrscht auch heute Krieg, die Waffen übertönen die Weihnachtslieder. Hat die Geburt des Kindes, das Gottes Sohn ist und die Menschen mit Gott versöhnen soll, doch nicht den verheißenen Frieden gebracht?

Aber schon damals schien der Friede wie ein ferner Traum. Und doch haben damals Menschen bei diesem Kind den Frieden gefunden: die Hirten und dann die Weisen aus dem Osten. So ist es bis heute geblieben: Nur wer, wie Jesus sagt, selber „wie ein Kind wird“, kann und wird bei der Krippe des göttlichen Kindes Frieden finden und dann selber Frieden schenken.

Fest der Heiligen Familie

Lukasevangelium 2, 22-40

Es kam für die Eltern Jesu der Tag der vom Gesetz des Mose vorgeschriebenen Reinigung. Sie brachten das Kind nach Jerusalem hinauf, um es dem Herrn zu weihen, gemäß dem Gesetz des Herrn, in dem es heißt: Jede männliche Erstgeburt soll dem Herrn geweiht sein. Auch wollten sie ihr Opfer darbringen, wie es das Gesetz des Herrn vorschreibt: ein Paar Turteltauben oder zwei junge Tauben.

In Jerusalem lebte damals ein Mann namens Simeon. Er war gerecht und fromm und wartete auf die Rettung Israels, und der Heilige Geist ruhte auf ihm. Vom Heiligen Geist war ihm offenbart worden, er werde den Tod nicht schauen, ehe er den Messias des Herrn gesehen habe. Jetzt wurde er vom Geist in den Tempel geführt; und als die Eltern Jesus hereinbrachten, um zu erfüllen, was nach dem Gesetz üblich war, nahm Simeon das Kind in seine Arme und pries Gott mit den Worten: Nun lässt du, Herr, deinen Knecht, wie du gesagt hast, in Frieden scheiden. Denn meine Augen haben das Heil gesehen, das du vor allen Völkern bereitet hast, ein Licht, das die Heiden erleuchtet, und Herrlichkeit für dein Volk Israel. Sein Vater und seine Mutter staunten über die Worte, die über Jesus gesagt wurden.

Fest der Heiligen Familie

Und Simeon segnete sie und sagte zu Maria, der Mutter Jesu: Dieser ist dazu bestimmt, dass in Israel viele durch ihn zu Fall kommen und viele aufgerichtet werden, und er wird ein Zeichen sein, dem widersprochen wird. Dadurch sollen die Gedanken vieler Menschen offenbar werden. Dir selber aber wird ein Schwert durch die Seele dringen.

Damals lebte auch eine Prophetin namens Hanna, eine Tochter Penuels, aus dem Stamm Ascher. Sie war schon hochbetagt. Als junges Mädchen hatte sie geheiratet und sieben Jahre mit ihrem Mann gelebt; nun war sie eine Witwe von vierundachtzig Jahren. Sie hielt sich ständig im Tempel auf und diente Gott Tag und Nacht mit Fasten und Beten. In diesem Augenblick nun trat sie hinzu, pries Gott und sprach über das Kind zu allen, die auf die Erlösung Jerusalems warteten. Als seine Eltern alles getan hatten, was das Gesetz des Herrn vorschreibt, kehrten sie nach Galiläa in ihre Stadt Nazaret zurück. Das Kind wuchs heran und wurde kräftig; Gott erfüllte es mit Weisheit, und seine Gnade ruhte auf ihm.

Was wird aus dem Kind?

Wenn ich ein Kind taufe, bewegt mich immer die Frage: Was wird einmal aus dir? Wie wird dein Lebensweg aussehen? Auch und noch mehr bei den Eltern mischen sich Freude und Fragen: Die Freude über das neugeborene Kind, die Fragen, wie es ihm auf dieser Welt wohl ergehen wird.

Die „Darstellung" Jesu im Tempel durch seine Eltern, vierzig Tage nach der Geburt, weckt ähnliche Gefühle. Maria kommt, um das vorgeschriebene Reinigungsopfer für sich selbst und für die gelungene Niederkunft darzubringen. Jesu der Erstgeborene soll nach dem Gesetz des Mose Gott geweiht werden, denn alle Erstgeburt gehört Gott.

Es ist eine berührende Szene: Der betagte Simeon nimmt das Kind in seine Arme. Der schon an der Schwelle des Todes steht, grüßt das neugeborene Kind: Ein Bild der Freude über das aufblühende Leben und des dankbaren Abschieds aus diesem Leben. Simeon, dieser gerade, aufrechte Mann, wurde so zum Symbol des Lebensabends. Sein Dankgesang („Nun lässt du, Herr, deinen Knecht in Frieden scheiden") wird deshalb im Gebet der Kirche als letztes Lied vor dem Schlafengehen gesungen oder gebetet.

Seine Freude ist aber eine besondere: Er erkennt in diesem kleinen Kind armer Leute durch göttliche Eingebung den Ersehnten, den Verheißenen, den Messias des Herrn, der allen Völkern Licht und Heil bringen soll. Ähnlich ergeht es der uralten Witwe Hanna, die auch dazukommt und erkennt, welche große Bedeutung dieses Kind einmal haben wird.

In die Freude dieser Begegnung von Alt und Jung, von Abschied und Neubeginn, mischen sich auch ernste Töne. Simeon sieht voraus, dass dieses Kind viel Widerstand erfahren wird. An ihm werden sich die Geister scheiden. Er wird zum Stolperstein für viele, zum Zeichen des Widerspruchs. Es wird seine Mutter schwer treffen, dass ihrem Kind solche Feindschaft widerfährt. Wie ein Schwert wird das Leid durch ihr Herz dringen.

Mit diesen freudigen, aber auch erschreckenden Worten im Herzen kehren Maria und Josef nach Nazaret zurück (der Evangelist Lukas berichtet nicht von der dazwischen liegenden Flucht nach Ägypten). Lange Jahre eines verborgenen Lebens folgen, dreißig etwa, Alltag, Arbeit, nichts Besonderes, Berufsleben als Zimmermann, Sorgen und Freuden. Maria trägt im Herzen, was Simeon über das Kind und sie gesagt hat. Was wird wohl aus ihrem Sohn, aus Jesus, der heranwächst, ein junger Mann wird, ein Erwachsener? Maria glaubt und vertraut. Leicht war es sicher nicht, diese Ahnung, dass Schweres auf ihn und auf sie wartete. Als sie dann aber beim Kreuz stand und ihr Sohn qualvoll starb, da hat sie wieder ja gesagt, wie damals zu dem Engel.

Neujahr

Lukasevangelium 2,16-21

In jener Zeit eilten die Hirten hin und fanden Maria und Josef und das Kind, das in der Krippe lag. Als sie es sahen, erzählten sie, was ihnen über dieses Kind gesagt worden war. Und alle, die es hörten, staunten über die Worte der Hirten. Maria aber bewahrte alles, was geschehen war, in ihrem Herzen und dachte darüber nach. Die Hirten kehrten zurück, rühmten Gott und priesen ihn für das, was sie gehört und gesehen hatten; denn alles war so gewesen, wie es ihnen gesagt worden war. Als acht Tage vorüber waren und das Kind beschnitten werden sollte, gab man ihm den Namen Jesus, den der Engel genannt hatte, noch ehe das Kind im Schoß seiner Mutter empfangen wurde.

Zeit zum Betrachten

Schlichte Hirten sind die ersten Zeugen der Ereignisse, die in Betlehem geschehen sind. Bis heute sind es einfache Menschen, die bereit sind, sich aufzumachen und zu schauen, was Gott auf Erden wirkt.

Was war ihnen widerfahren? In dieser Nacht hielten sie, wie in vielen Nächten zuvor, Wache bei ihrer Herde, um sie vor Dieben und Raubtieren zu schützen. Da sehen sie eine Lichtgestalt, einen Gottesboten, der zu ihnen spricht: „Heute ist euch in Davids Stadt Betlehem der Christus, der verheißene Messias geboren" (Lk 2,11). Und er sagt ihnen, woran sie ihn erkennen, wo sie ihn finden werden: „ein Kind, das in einer Futterkrippe liegt" (Lk 2,12).

Ist das alles fromme Legende, ohne echten Wahrheitsgehalt? Mir hilft es, an vergleichbare Ereignisse in unserer Zeit zu denken. In Fatima, dem großen Wallfahrtsort in Portugal, begann alles im Jahre 1917 mit drei Hirtenkindern. Auch sie sahen einen Engel, dann Marienerscheinungen, hörten Botschaften, Aufträge, die sie zu erfüllen haben. Millionen Menschen pilgern heute nach Fatima, um Trost, Hilfe und Stärkung zu finden. Viele andere Beispiele ließen sich in den Jahrhunderten seit Betlehem nennen.

Gemeinsam ist allen: der Himmel hat uns etwas zu sagen. Und meist sind es einfache, gerade Menschen, besonders Kinder, die dafür offen sind. Und wie viele Pilger in unserer Zeit so machten sich auch die Hirten damals auf den Weg, um den Gnadenort zu sehen, von dem sie gehört hatten.

Was sie fanden, war nichts Außergewöhnliches: nur eine Mutter, Maria, die vor kurzem entbunden hatte, Josef und das neugeborene Kind, und alles in großer Armut, in einem Stall, das Kind in der Futterkrippe liegend.

Trotzdem ist die Freude der Hirten groß. Ich denke, es muss so eine Freude gewesen sein, wie sie auch heute an heiligen Orten empfunden wird. Sie kommt nicht von irgendwelchen sensationellen Erlebnissen, sondern aus der Erfahrung, dass hier der Himmel offen ist und Gottes Nähe spürbar wird. Viele Menschen finden diese ganz eigene und besondere Freude an Orten wie Lourdes, Fatima, Medjugorie.

Und dann wird erzählt. Die Hirten berichten von dem, was ihnen widerfahren war, und die, denen es die Hirten erzählt haben, reden darüber zu anderen. Und so verbreitet sich die Nachricht von dem wunderbaren Geschehen in Betlehem. Bis heute ist das nicht anders. Und immer neu ist die Freude groß, wenn der Himmel der Erde ganz nahe kommt.

Maria aber bewahrte und bedachte alle diese Ereignisse in ihrem Herzen. Lukas, der Evangelist, betont das als Vorbild für seine Leser. Weihnachten ist schnell vorbei. Silvesterwirbel, ein neues Jahr beginnt. Wo bleibt die Zeit, wirklich im Herzen zu erwägen, was da zu Weihnachten geschehen ist? Wenn wir von einem Ereignis zum nächsten hasten, kann sich nichts in der Tiefe des Herzens verwurzeln. Wie Maria Gottes Kommen in meinem Leben bedenken und betrachten: Das wäre ein guter Vorsatz für ein gesegnetes neues Jahr.

2. Sonntag der Weihnachtszeit

Johannesevangelium 1,1-5.9-14

Im Anfang war das Wort, und das Wort war bei Gott, und das Wort war Gott. Im Anfang war es bei Gott. Alles ist durch das Wort geworden und ohne das Wort wurde nichts, was geworden ist. In ihm war das Leben und das Leben war das Licht der Menschen. Und das Licht leuchtet in der Finsternis und die Finsternis hat es nicht erfasst. Das wahre Licht, das jeden Menschen erleuchtet, kam in die Welt. Er war in der Welt und die Welt ist durch ihn geworden, aber die Welt erkannte ihn nicht. Er kam in sein Eigentum, aber die Seinen nahmen ihn nicht auf. Allen aber, die ihn aufnahmen, gab er Macht, Kinder Gottes zu werden, allen, die an seinen Namen glauben, die nicht aus dem Blut, nicht aus dem Willen des Fleisches, nicht aus dem Willen des Mannes, sondern aus Gott geboren sind. Und das Wort ist Fleisch geworden und hat unter uns gewohnt und wir haben seine Herrlichkeit gesehen, die Herrlichkeit des einzigen Sohnes vom Vater, voll Gnade und Wahrheit.

Lichtspur heimwärts

Das erste Wort der Bibel lautet: „Im Anfang schuf Gott Himmel und Erde“ (Gen 1,1). Und dann folgt in feierlicher, dichterischer Sprache das Werk der Erschaffung aller Dinge: Licht und Dunkel, Gestirne, Erde, Land und Meer, Pflanzen, Tiere und schließlich Menschen – Gottes Schöpfung.

Das Evangelium des Johannes beginnt gleich lautend: „Im Anfang ...“ Aber es folgt nicht die Schöpfung, sondern was noch vor ihr war: „Im Anfang war das Wort“. Und dann folgt, wieder in feierlicher, dichterischer Sprache, wer „das Wort“ ist und was es tut und wirkt.

Warum aber diese Anfangsworte des Johannesevangeliums am zweiten Sonntag der Weihnachtszeit, zu hören sind, wird vom letzten Vers her deutlich: „Und das Wort ist Fleisch geworden und hat unter uns gewohnt.“ Die rätselhaften Worte sprechen vom Kind in der Krippe. Sie sagen, wer eigentlich dieses Neugeborene ist: ein Menschenkind, aber nicht nur das. Sein Ursprung reicht weiter und tiefer als unserer. Wir sind Menschen von Menschen gezeugt, Jesus aber ist „Gott von Gott“, wie es im großen Glaubensbekenntnis heißt. Er ist Gottes Sohn, der Mensch geworden ist, „Fleisch“ angenommen hat, unser sterbliches Menschsein, der einer von uns geworden ist.

Gott wurde Mensch: So sagen wir vom Christkind in der Krippe. Aber kann denn Gott Mensch werden? Davon spricht das Evangelium heute. Gott ist nie alleine. Er ist weder wortlos noch geistlos: immer sind Sein Wort und Sein Geist bei Ihm. Gott ist Gemeinschaft: Vater, Sohn und Heiliger Geist.

Und weil Er will, dass viele in Seiner Gemeinschaft dabei sind, hat Er alles „durch das Wort“ geschaffen. Alles, wirklich alles! Denn nichts, was es im weiten Universum gibt, vom Größten bis zum Winzigsten, ist „von selber" geworden, schon gar nicht das Leben. Alles Leben kommt von Gott, erst recht das menschliche, mit Verstand und Willen begabte Leben. Und alles Licht im menschlichen Leben kommt aus dieser einen göttlichen Quelle: jeder gute Gedanke, jede Einsicht und Erkenntnis, aller gute Wille kommen „vom Wort" Gottes, von Gottes Gegenwart in jedem Menschenleben. Jeder Lichtstrahl in meinem Leben kann mich zur göttlichen Lichtquelle führen, wenn ich ihm folge.

Leider ziehen wir immer wieder die Finsternis dem Licht vor und folgen Gottes Lichtspur nicht. Darum hat Gott Sein Licht direkt mitten unter uns gebracht, ist Sein Wort Fleisch geworden, ist Gott Mensch geworden. Im Christkind, in Jesus Christus, spricht Gott Sein Wort in menschlicher Sprache, jedem Suchenden verstehbar, jedem Findenden zur Freude, damit niemand sich verirren muss, damit wir alle als Kinder Gottes heimfinden.

Erscheinung des Herrn

Matthäusevangelium 2,1-12

Als Jesus zur Zeit des Königs Herodes in Betlehem in Judäa geboren worden war, kamen Sterndeuter aus dem Osten nach Jerusalem und fragten: Wo ist der neugeborene König der Juden? Wir haben seinen Stern aufgehen sehen und sind gekommen, um ihm zu huldigen. Als König Herodes das hörte, erschrak er und mit ihm ganz Jerusalem. Er ließ alle Hohenpriester und Schriftgelehrten des Volkes zusammenkommen und erkundigte sich bei ihnen, wo der Messias geboren werden solle. Sie antworteten ihm: In Betlehem in Judäa; denn so steht es bei dem Propheten: Du, Betlehem im Gebiet von Juda, bist keineswegs die unbedeutendste unter den führenden Städten von Juda; denn aus dir wird ein Fürst hervorgehen, der Hirt meines Volkes Israel. Danach rief Herodes die Sterndeuter heimlich zu sich und ließ sich von ihnen genau sagen, wann der Stern erschienen war. Dann schickte er sie nach Betlehem und sagte: Geht und forscht sorgfältig nach, wo das Kind ist; und wenn ihr es gefunden habt, berichtet mir, damit auch ich hingehe und ihm huldige. Nach diesen Worten des Königs machten sie sich auf den Weg. Und der Stern, den sie hatten aufgehen sehen, zog vor ihnen her bis zu dem Ort, wo das Kind war; dort blieb er stehen. Als sie den Stern sahen, wurden sie von sehr großer Freude erfüllt. Sie gingen in das Haus und sahen das Kind und Maria, seine Mutter; da fielen sie nieder und huldigten ihm. Dann holten sie ihre Schätze hervor und brachten ihm Gold, Weihrauch und Myrrhe als Gaben dar. Weil ihnen aber im Traum geboten wurde, nicht zu Herodes zurückzukehren, zogen sie auf einem anderen Weg heim in ihr Land.

Was mir Hoffnung gibt

Die „Sterndeuter" aus dem Osten sind „Heiden", aber das heißt nicht gottlos. Sie kennen hervorragend die Himmelsphänomene. Die Astronomie hatte damals im Orient so exakte Kenntnisse, so genaue Berechnungen, dass wir nur staunen können. Aber diese damaligen Wissenschaftler kannten sich nicht nur hervorragend aus, sie trennten auch nie Wissenschaft und Religion. Das Universum sprach zu ihnen von Gott und Seinem Wirken. Ich frage mich: werden wir heute, mit allem unserem Wissen über die Natur auch Gottes Sprache und Handschrift lesen können? Werden wir uns von Naturphänomen, von den kleinen oder den gewaltigen, ansprechen lassen und darin Gottes Wort an uns vernehmen?

Weiters gibt mir zu denken, dass die „Weisen aus dem Morgenland“ sich auf den Weg gemacht haben, um den zu suchen, von dem die besondere Sternkonstellation zu ihnen sprach. Auch wir erfahren gewaltige Zeichen, etwa Naturkatastrophen. Werden wir uns die Mühe machen, den zu suchen, von dem uns diese Ereignisse etwas zu sagen haben?

Der Sinn des Leidens ist nicht immer sofort klar. Dazu ist der Schmerz zu groß. Aber wie berührend ist es, dem Vertrauen zu begegnen, dass Gott in all diesem Leid zu finden ist. Hier können wir von den Sterndeutern wie auch von Menschen lernen, die von solchen Katastrophen betroffenen sind, Gott in unserem Leben zu suchen.

Ein dritter Gedanke bewegt mich: Herodes „und mit ihm ganz Jerusalem“ erschrak über die Worte der Weisen aus dem Osten. Gottes Ankunft als Kind auf Erden erschreckt die Mächtigen.

Herodes, der machtberauschte Tyrann, der aus Angst um seine Macht seine halbe Familie ausgerottet hat (drei Söhne, seine Gattin, seinen Schwager, seine Schwiegermutter), fürchtet nichts mehr als die Störung der bisherigen Machtverhältnisse, selbst wenn sie von Gott käme und den Menschen Rettung und Hoffnung brächte.

Die großen Katastrophen unserer Tage haben weltweite Solidarität ausgelöst, aus der eine große Hoffnung unter den Betroffenen gewachsen ist.

Mit Sorge sehe ich, wie wohl damit umgegangen wird. Werden die Mächtigen das Zeichen verstehen, das Gott ihnen gegeben hat? Wird all die Hilfe aus aller Welt wirklich zur neuen Hoffnung für die betroffenen Länder? Werden Partei-, Macht- und Wirtschaftsinteressen die Hoffnung wieder begraben?

Zum Schluss eine sichere, feste Hoffnung: Die Weisen ließen sich durch Herodes nicht abhalten. Sie fanden den neugeborenen König des Friedens, Christus, das Kind, und Maria, seine Mutter.

Auch heute wird es solche Weise geben. Keine Schwierigkeit, keine Machtspiele und Egoismen werden sie abhalten, Christus in den Opfern der Katastrophen zu finden und ihnen die Gaben der Liebe und Solidarität zu bringen. Ich bin voll Zuversicht: Die Liebe wird auch heute stärker sein als alle Katastrophen und alle menschlichen Fehler!

Taufe des Herrn

Markusevangelium 1, 7-11

In jener Zeit trat Johannes in der Wüste auf und verkündete: Nach mir kommt einer, der ist stärker als ich; ich bin es nicht wert, mich zu bücken, um ihm die Schuhe aufzuschnüren. Ich habe euch nur mit Wasser getauft, er aber wird euch mit dem Heiligen Geist taufen. In jenen Tagen kam Jesus aus Nazaret in Galiläa und ließ sich von Johannes im Jordan taufen. Und als er aus dem Wasser stieg, sah er, dass der Himmel sich öffnete und der Geist wie eine Taube auf ihn herabkam. Und eine Stimme aus dem Himmel sprach: Du bist mein geliebter Sohn, an dir habe ich Gefallen gefunden.

Mit Markus durchs Jahr

Markus wird uns mit seinem Evangelium das ganze Jahr über begleiten. Sein Evangelium ist das kürzeste. Eine alte Überlieferung sagt, Markus habe es in Rom niedergeschrieben, auf der Grundlage der Erinnerungen und der Predigten des Apostels Petrus, der im Jahr 67 im Zirkus des Kaisers Nero mit vielen Christen gekreuzigt wurde, dort, wo heute im Vatikan der Petersdom steht.

Die Mutter des Markus, Maria mit Namen, hatte in Jerusalem ein Haus, in dem sich die ersten Christen gerne trafen (vgl. Apg 12,12). Auf seiner ersten Missionsreise nahm Paulus den jungen Markus als Begleiter mit, der freilich bald wieder „zu Muttern“ heimkehrte. Deshalb kam es später seinetwegen zu heftigem Streit – das gab es schon in der Urkirche – und Paulus nahm sich einen anderen Gefährten, Silas mit Namen, während Markus mit Barnabas in Zypern missionierte, bis er schließlich Mitarbeiter des Petrus in Rom wurde.

Der Stil des Markusevangelium ist knapp, karg, mehr auf das Tun Jesu bedacht als auf seine Predigt. Markus scheut sich nicht, die Gefühle Jesu zum Ausdruck zu bringen, seinen gelegentlichen „heiligen Zorn“, seine Trauer, sein Drängen bis hin zur Ungeduld. Zugleich leuchtet bei Markus immer wieder deutlich Jesu Gottheit durch. Der uns so menschlich erscheint, ist untrennbar auch „der Sohn Gottes“, wie schon der erste Vers des Evangeliums sagt.

Über die Kindheit Jesu berichtet Markus nichts. Er beginnt bei der Taufe Jesu im Jordan. Mit ihr tritt Jesus aus der Verborgenheit ans Licht der Öffentlichkeit. Was bewog ihn zu diesem überraschenden Schritt, sich taufen zu lassen? Johannes der Täufer rief die Menschen zu Umkehr und Buße auf. Deren äußeres Zeichen war das Untertauchen im Wasser des Jordan, Geste und Symbol der Reinigung. Johannes wollte die Menschen auf den kommenden Messias vorbereiten. Sie sollten ihr Leben ändern und wach werden für die große Zeit der Erneuerung. Den kommenden Retter nennt er „stärker als ich“ und sieht sich nur als seinen Diener.

Umso größer muss die Überraschung für Johannes gewesen sein, als Jesus sich ganz unerwartet mitten unter den

Menschen befindet, die sich anstellen, um von Johannes die Bußtaufe zu empfangen. Der Große, den Johannes angekündigt hat, kommt klein und bescheiden wie ein Sünder unter anderen. Was soll das bedeuten? Johannes bekommt die Antwort „vom Himmel". Gott gibt zu verstehen, dass Ihm das Verhalten Jesu gefällt, dass Jesus sich darin als „geliebter Sohn" Gottes zeigt.

Was hat Jesu erster öffentlicher Auftritt uns zu sagen? Zweierlei: Ich soll dem Kommen Gottes in mein Leben den Weg bereiten. Dazu muss manches Hindernis auf meinem Weg erst ausgeräumt, manches Krumme gerade werden. Noch wichtiger aber ist, dass Gott selber zu mir herabsteigt, vor mir, vor meinem Versagen und meinen Fehlern keine Abscheu hegt. Er hat in der Taufe im Jordan meine Schuld auf seine Schultern genommen. Deshalb gilt: Wer Gott finden will, darf sich nicht über andere erheben, nicht auf sie herabschauen. Gott findet, wer wie Jesus hinabsteigt. Das findet Gottes Gefallen, nicht der selbstzufriedene Stolz.

Gedanken zum Evangelium

Die Zeit im Jahreskreis

2. Sonntag im Jahreskreis

Johannesevangelium 1,35-42

In jener Zeit stand Johannes am Jordan, wo er taufte, und zwei seiner Jünger standen bei ihm. Als Jesus vorüberging, richtete Johannes seinen Blick auf ihn und sagte: Seht, das Lamm Gottes! Die beiden Jünger hörten, was er sagte, und folgten Jesus. Jesus aber wandte sich um, und als er sah, dass sie ihm folgten, fragte er sie: Was wollt ihr? Sie sagten zu ihm: Rabbi – das heißt übersetzt: Meister –, wo wohnst du? Er antwortete: Kommt und seht! Da gingen sie mit und sahen, wo er wohnte, und blieben jenen Tag bei ihm; es war um die zehnte Stunde. Andreas, der Bruder des Simon Petrus, war einer der beiden, die das Wort des Johannes gehört hatten und Jesus gefolgt waren. Dieser traf zuerst seinen Bruder Simon und sagte zu ihm: Wir haben den Messias gefunden. Messias heißt übersetzt: der Gesalbte – Christus. Er führte ihn zu Jesus. Jesus blickte ihn an und sagte: Du bist Simon, der Sohn des Johannes, du sollst Kephas heißen. Kephas bedeutet: Fels – Petrus.

Die erste Begegnung

Sie blieb ihm unvergesslich in Erinnerung: die erste Begegnung mit Jesus. Er wusste noch genau die Stunde: Es war gegen vier Uhr am Nachmittag („um die zehnte Stunde"). Johannes schrieb dies wahrscheinlich als betagter Mann nieder, und die Erinnerung daran war frisch wie am ersten Tag. Denn diese Begegnung war für sein Leben entscheidend. Es gab ein klares Vorher und Nachher.

Was in diesen ersten Stunden des Beisammenseins mit Jesus geschah, hat seinem Leben eine völlig neue Wendung gegeben. Doch sehen wir uns an, wie es dazu kam.

Am nächsten Sonntag lesen wir, wie Markus, der uns das ganze Jahr über mit seinem Evangelium begleitet, die Berufung der ersten Anhänger Jesu schildert. Johannes war unter ihnen. In seinem eigenen Evangelium spricht er nicht über diese Berufung, wohl aber über die allererste Begegnung mit Jesus. Sie ist ihm noch wichtiger, sie ist sozusagen sein Herzensgeheimnis.

Johannes, von Beruf Fischer, ebenso wie Andreas, gehörte zum Kreis der Schüler des Täufers Johannes. Fasziniert vom überzeugenden Leben dieses Asketen, angesprochen von seiner Lehre, hatten sie sich dem Täufer angeschlossen, um in seine „Lebensschule" zu gehen. Der Täufer hatte ihnen aber stets klargemacht, dass er nur den Weg für einen anderen vorbereitet, dem er nicht im Weg stehen will. So lässt er die beiden auch ziehen, als sie neugierig hinter Jesus hergehen.

„Was wollt ihr?" – „Wo wohnst du?"

Das waren die ersten Worte, die sie austauschten. Nichts Aufregendes, und doch unvergesslich, weil Er es war, der sie angesehen und angesprochen hatte, und der von da an der alles bestimmende Mittelpunkt ihres Lebens geworden war.

So gingen sie also mit, sahen, wo er wohnte und blieben den Rest des Tages bei ihm. Eigenartig, kein Wort über das, was sie sahen und worüber sie sprachen. Das ist umso überraschender, als Johannes ausführlicher als die drei anderen Evangelisten von den Gesprächen und Reden Jesu berichtet.

Diese erste Begegnung bleibt sein Geheimnis. Sie ist ihm so kostbar, dass er sie nur für sich behält. Aber es muss ganz entscheidend gewesen sein, was Andreas und er in diesen Stunden erlebt haben. Denn am nächsten Tag sagt Andreas zu seinem Bruder Simon, den Jesus dann Kephas, Petrus, das heißt „Fels“ nennen wird: „Wir haben den Messias gefunden!“

In diesem Wort schwingt die ganze Begeisterung, die Freude mit, die aus dieser ersten Begegnung kam.

Johannes und Andreas haben den gefunden, den viele in seinem Volk erwartet hatten. Andreas tut nun das, was das Natürlichste ist, wenn einem eine entscheidende Begegnung geschenkt wird: Er will andere daran teilnehmen lassen. So führt er seinen Bruder Simon zu Jesus. Und auch für diesen wird die Begegnung lebensbestimmend.

Drei Fragen zum Schluss: Hat es in meinem Leben eine vergleichbare Stunde der Begegnung gegeben? Mit einem Menschen? Mit Gott? Mit Jesus? Erinnere ich mich daran? Hat sie in meinem Leben eine Wende bedeutet? Und habe ich anderen davon erzählt, andere dahin geführt?

Viele Bücher würde es füllen, wenn jeder von seiner ersten Begegnung berichten würde.

3. Sonntag im Jahreskreis

Markusevangelium 1, 14-20

Nachdem man Johannes den Täufer ins Gefängnis geworfen hatte, ging Jesus wieder nach Galiläa; er verkündete das Evangelium Gottes und sprach: Die Zeit ist erfüllt, das Reich Gottes ist nahe. Kehrt um, und glaubt an das Evangelium! Als Jesus am See von Galiläa entlangging, sah er Simon und Andreas, den Bruder des Simon, die auf dem See ihr Netz auswarfen; sie waren nämlich Fischer. Da sagte er zu ihnen: Kommt her, folgt mir nach! Ich werde euch zu Menschenfischern machen. Sogleich ließen sie ihre Netze liegen und folgten ihm. Als er ein Stück weiterging, sah er Jakobus, den Sohn des Zebedäus, und seinen Bruder Johannes; sie waren im Boot und richteten ihre Netze her. Sofort rief er sie, und sie ließen ihren Vater Zebedäus mit seinen Tagelöhnern im Boot zurück und folgten Jesus nach.

Kommt! Hinter mich!

Dunkle Wolken stehen über dem Anfang. Johannes der Täufer wurde ins Gefängnis geworfen. Der diktatorische König Herodes hat es nicht ertragen, dass der Bußprediger Johannes ihm gesagt hatte: „Du hast nicht das Recht, die Frau deines Bruders zur Frau zu nehmen" (Mk 6,17). Wer unliebsame Wahrheiten ausspricht, muss mit unangenehmen Folgen rechnen. Unter diesem Vorzeichen beginnt Jesus sein öffentliches Wirken im heimatlichen Galiläa. Auch sein Weg wird im Gefängnis und am Kreuz enden.

Am Anfang steht aber ein hoffnungsvoller Ruf: „Das Reich Gottes ist nahe!" Reich Gottes – das war ein Wort voll Erwartung: Gott wird endlich gerechte Verhältnisse schaffen, eine Friedenszeit bringen. Schluss mit Unterdrückung, Terror und Krieg! Viele warteten sehnsüchtig auf diese Zeit. Aber Jesus macht klar: Gottes gutes Reich kommt nicht ohne unser Mittun. Nicht die großen politischen Umstürze werden das bewirken, sondern Umkehr und Glauben der Einzelnen. Das eigene Leben ändern, die bösen Gewohnheiten zurücklassen, die eigenen Fehler bereuen und dafür zur Buße bereit sein: Ohne diese Schritte, die uns keiner abnehmen kann, kommt auch Gottes Friedenszeit nicht bei uns an.

Aber die Abkehr von den alten Übeln ist nur die eine Seite. Die andere, positive, ist eine neue Zuwendung zu Gott. Jesus nennt sie „glauben": Glaubt an die Frohe Botschaft. Reich Gottes, Frieden und Gerechtigkeit kommen dort, wo wir neu Gott vertrauen.

Wie das konkret aussehen kann, zeigen die beiden folgenden Szenen der Berufung. Zwei Brüderpaare, Fischer von Beruf, die Jesus einfach kurz und bündig ruft, mit ihm zu gehen. „Kommt! Hinter mich!“ (So heißt es wörtlich.) Er erklärt nicht viel, macht mit ihnen weder einen Gehaltsabschluss, noch vereinbart er Versicherungen und Urlaubszeiten. Sie lassen sich auf ihn ein, verlassen alles, Beruf, Familie, Umgebung, und gehen mit ihm, hinter ihm her, in eine völlig ungewisse Zukunft. So viel Vertrauen erstaunt. War es nicht Leichtsinn und Rücksichtslosigkeit der eigenen Familie gegenüber?

Wie diese ersten vier sind seither Unzählige einem ähnlichen Ruf Jesu gefolgt. Oft mussten sie sich sagen lassen: Wie kannst du deine Eltern im Stich lassen? Wie kannst du deinen Beruf aufgeben? Wo bleibt da die Klugheit, die vernünftige Lebensplanung? Aber ohne dieses Vertrauen auf Jesus und seinen Ruf wäre ein Franziskus (1181-1226) nie aus dem Geschäft seines Vaters ausgestiegen, hätte eine Mutter Teresa (1910-1997) nie alles verlassen, um in Kalkutta bei den Sterbenden zu sein.

Gilt das alles nur für die „besonderen“ Berufungen wie Priester oder Ordensleute? Ich glaube nicht. Denn sein Leben zu ändern, umzudenken und umzukehren und Gott neu zu glauben und zu vertrauen, das ist nicht auf einige wenige beschränkt. In jedem Lebensweg gibt es Zeiten, da ein solcher Neuanfang angesagt ist. Dann gilt es, sich von Vertrautem zu trennen, und das kann sehr schmerzlich sein. Aber wenn ich weiß, wer mich dazu ruft und wem ich dabei vertrauen kann, dann ist es ein Schritt zu neuem Leben.

4. Sonntag im Jahreskreis

Markusevangelium 1,21-28

In Kafarnaum ging Jesus am Sabbat in die Synagoge und lehrte. Und die Menschen waren sehr betroffen von seiner Lehre; denn er lehrte sie wie einer, der göttliche Vollmacht hat, nicht wie die Schriftgelehrten. In ihrer Synagoge saß ein Mann, der von einem unreinen Geist besessen war. Der begann zu schreien: Was haben wir mit dir zu tun, Jesus von Nazaret? Bist du gekommen, um uns ins Verderben zu stürzen? Ich weiß, wer du bist: der Heilige Gottes. Da befahl ihm Jesus: Schweig und verlass ihn! Der unreine Geist zerrte den Mann hin und her und verließ ihn mit lautem Geschrei. Da erschraken alle, und einer fragte den andern: Was hat das zu bedeuten? Hier wird mit Vollmacht eine ganz neue Lehre verkündet. Sogar die unreinen Geister gehorchen seinem Befehl. Und sein Ruf verbreitete sich rasch im ganzen Gebiet von Galiläa.

Erster Tag der neuen Schöpfung

Der Evangelist Markus stellt Jesus vor, indem er die Geschehnisse des ersten Tages seines öffentlichen Wirkens in Kafarnaum schildert. Wie in einem Brennglas sammelt er die wichtigsten Botschaften über Jesus, sozusagen das ganze Programm Jesu, in diesem ersten Anfang.

Beim Evangelisten Matthäus steht am Anfang die Bergpredigt, Jesu Kernbotschaft.

Beim Evangelisten Lukas beginnt alles mit der „Antrittspredigt" Jesu in der Synagoge seiner Heimat Nazareth, in der er seinen Auftritt im Licht der alttestamentlichen Prophetie deutet.

Markus spricht anfangs nicht über den Inhalt der Predigt Jesu. Er sagt noch nichts über die Lehre, die Jesus verkündet. Ihn bewegt die Wirkung, die von ihm ausgeht. Von vornherein steht die Person Jesu im Mittelpunkt: Er selber ist die Botschaft. Er ist das Neue, das da kommt, Anfang und Ursprung einer erneuerten Welt.

Zwei deutliche Zeichen sehen wir dafür in dem, was an diesem ersten öffentlichen Tag in der Synagoge in Kafarnaum (ihre Reste sind heute noch sichtbar) geschehen ist.

Zuerst die Wirkung seiner Worte. Sie muss von unvergleichlicher Kraft gewesen sein. Viele bezeugen das. Was war das Besondere an seiner Art zu reden, an seiner Predigt? Markus beschreibt das Echo bei den Leuten: Er lehrt nicht wie die Gelehrten, „Studierten", sondern wie einer der „Vollmacht" hat.

Machtvoll war nicht seine Redekunst. Die Menschen sagen nicht: „Spricht der aber schön!" Sie sind vielmehr

„betroffen". Sein Wort trifft. Es wirkt. Er bringt nicht Meinungen vor, liefert nicht interessante Diskussionsbeiträge, sondern „lehrt aus Vollmacht, aus letzter Zuständigkeit und in letzter Gültigkeit" (K. Stock).

Kein Mensch kann von seinen eigenen Worten sagen, was Jesus einmal von sich sagt: „Himmel und Erde werden vergehen, aber meine Worte werden nicht vergehen" (Mk 13,31).

Unsere Worte können nützen oder schaden, aufbauen oder zerstören. Aber nur er kann durch sein Wort Neues schaffen. Jesu Worte haben dieselbe Macht wie die Worte des Schöpfers, der sagt: „Es werde" – und es war.

Den ersten Erweis der Vollmacht seines Wortes gibt Jesus gleich zu Beginn seines Wirkens. Ein Besessener beginnt zu schreien. Nicht er, sondern der Dämon in ihm schreit. Er „wittert", wer Jesus ist und woher die Vollmacht kommt, die die Menschen spüren: „Du bist der Heilige Gottes". Ein Wort Jesu genügt, und der Besessene ist frei, aus den Fesseln des Dämons gelöst.

Die Szene mag uns befremden. Sie sollte es aber nicht. Wir haben eben erst ein Jahrhundert zu Ende gehen sehen, das wie kaum ein anderes zuvor unverhüllt die Macht des Bösen gezeigt hat. Auschwitz und der Archipel Gulag stehen als Namen für Eruptionen des Bösen.

Vom ersten Tag an steht Jesus gegen diese Macht, und sie gegen ihn. Der Böse (Jesus nennt ihn offen den „Satan" [Mk 3,23] und den „Menschenmörder von Anbeginn" [Joh 8,44]) sieht im Kommen Jesu das Ende seiner Herrschaft. Die Menschen aus seiner Macht zu befreien, das ist Jesu Sendung und Auftrag. Sind sie gescheitert? Warum konnte es Hitler und Stalin geben? Ist Jesus unterlegen im Kampf mit dem Bösen?

Oft sieht es wirklich so aus. Schau hin mit den Augen des Glaubens! Was siehst du? Immer noch hat Er dem Bösen eine Grenze gesetzt, seit diesem ersten Tag in Kafarnaum, bis heute.

5. Sonntag im Jahreskreis

Markusevangelium 1,29-39

In jener Zeit ging Jesus zusammen mit Jakobus und Johannes in das Haus des Simon und Andreas. Die Schwiegermutter des Simon lag mit Fieber im Bett. Sie sprachen mit Jesus über sie, und er ging zu ihr, fasste sie an der Hand und richtete sie auf. Da wich das Fieber von ihr, und sie sorgte für sie. Am Abend, als die Sonne untergegangen war, brachte man alle Kranken und Besessenen zu Jesus. Die ganze Stadt war vor der Haustür versammelt, und er heilte viele, die an allen möglichen Krankheiten litten, und trieb viele Dämonen aus. Und er verbot den Dämonen zu reden; denn sie wussten, wer er war. In aller Frühe, als es noch dunkel war, stand er auf und ging an einen einsamen Ort, um zu beten. Simon und seine Begleiter eilten ihm nach, und als sie ihn fanden, sagten sie zu ihm: Alle suchen dich. Er antwortete: Lasst uns anderswohin gehen, in die benachbarten Dörfer, damit ich auch dort predige; denn dazu bin ich gekommen. Und er zog durch ganz Galiläa, predigte in den Synagogen und trieb die Dämonen aus.

Komm in mein Haus!

Wer einmal in Kafarnaum war, wird dieses Evangelium mit besonderer Aufmerksamkeit hören. Der alte Fischerort am Ufer des Sees Gennesaret wurde durch Ausgrabungen wieder entdeckt und ist heute ein beliebtes Pilgerziel. Hier hatte sich Jesus niedergelassen, als er von seinem Heimatdorf Nazaret weggezogen war, um seine neue Arbeit zu beginnen: die Botschaft vom nahen Reich Gottes unter die Menschen zu bringen. Hier waren auch Simon Petrus und sein Bruder Andreas daheim, die Jesus aufgefordert hat, sich mit ihm auf den Weg zu machen.

In den Ausgrabungen von Kafarnaum stechen die Reste der prächtigen Synagoge hervor. In ihr hat Jesus gepredigt. Hier hat er Kranke geheilt und Besessene durch den Exorzismus befreit. Hier hat er die unvergesslichen Worte über das „Brot vom Himmel" gesprochen, das er selber ist, und davon, dass er sein Fleisch zum Essen geben werde: die Eucharistie.

Es macht einen tiefen Eindruck, die Abschnitte aus dem Evangelium an diesem Ort zu lesen, an dem sie sich abgespielt haben. Verlässt man die Synagoge, so führt ein kurzer Weg zwischen Häuserresten zu dem Ort, an dem nach alter Überlieferung das Haus des Petrus stand, heute mit einer modernen Kirche überbaut, die aber den Blick auf die Reste des Petrushauses offen lässt.

Warum ich das erzähle? Weil das Evangelium keine Märchen erzählt, sondern Geschichte, die sich wirklich, damals und dort, abgespielt hat. Die Ausgrabungen im Heiligen Land sind starke, glaubwürdige Zeugen dieser Ereignisse. Deshalb ist es seit eh und je für viele so ein Anliegen gewesen, ins Heilige Land zu pilgern, um den Boden zu berühren, auf dem Jesus gegangen ist. In Kafarnaum kann man das heutige Evangelium lebhaft vor Augen sehen.

Der Tag, von dem berichtet wird, war ein Sabbat. Deshalb ging alles zum Gottesdienst in die Synagoge. Nur die Schwiegermutter des Petrus konnte nicht. Durch diese Stelle wissen wir, dass Simon Petrus verheiratet war. Dass Jesus Kranke heilen kann, hatte sich schnell herum gesprochen. Kaum sind der Sabbat und die verpflichtende Sabbatruhe vorbei, nach Sonnenuntergang, da strömen die Menschen zusammen und bringen alle möglichen Kranken und Besessenen vor die Haustüre.

Aber Jesus richtet sich nicht im Erfolg ein, er bricht gleich am nächsten Tag auf, zuerst in die Stille des Gebets, dann zum Wirken in andere Städte und Dörfer. Warum sollte er nicht bis zu uns kommen, bis in unsere Orte und Häuser? Er sagt, er sei dazu gekommen, damals zuerst nach Galiläa, dann, nach seinem Tod und seiner Auferstehung, in die ganze Welt, zu allen Menschen. So kann dieses Evangelium sich auch bei uns abspielen, dass Jesus in mein Haus kommt und mich oder einen meiner Lieben, die es besonders brauchen, „an der Hand fasst und aufrichtet“. Wir müssen uns nur trauen und ihn bitten, wie es damals Simon Petrus für seine Schwiegermutter tat.

6. Sonntag im Jahreskreis

Markusevangelium 1,40-45

In jener Zeit kam ein Aussätziger zu Jesus und bat ihn um Hilfe; er fiel vor ihm auf die Knie und sagte: Wenn du willst, kannst du machen, dass ich rein werde. Jesus hatte Mitleid mit ihm; er streckte die Hand aus, berührte ihn und sagte: Ich will es – werde rein! Im gleichen Augenblick verschwand der Aussatz, und der Mann war rein. Jesus schickte ihn weg und schärfte ihm ein: Nimm dich in Acht! Erzähl niemand etwas davon, sondern geh, zeig dich dem Priester und bring das Reinigungsopfer dar, das Mose angeordnet hat. Das soll für sie ein Beweis meiner Gesetzestreue sein. Der Mann aber ging weg und erzählte bei jeder Gelegenheit, was geschehen war; er verbreitete die ganze Geschichte, so dass sich Jesus in keiner Stadt mehr zeigen konnte; er hielt sich nur noch außerhalb der Städte an einsamen Orten auf. Dennoch kamen die Leute von überallher zu ihm.

Ich will es – werde rein!

Ich sehe sie vor mir, die Dutzenden von Aussätzigen am Rand einer Fernstraße in Nigeria. Ein unvergesslicher, schrecklicher Anblick: Alte, junge, mit ihren von der Lepra zerfressenen Gesichtern und Gliedmaßen. Die Autos rasen vorbei, niemand bleibt stehen. Sie haben ja ihre Leprastationen, sagt unser Fahrer. Aussatz ist heute heilbar, wenn es die entsprechenden Medikamente, die notwendige Hygiene gibt. An vielen Orten der Welt fehlt immer noch beides. Doch viele helfen, dass diesen Ärmsten Heilung ermöglicht wird. Einen kannte ich, einen alten amerikanischen Dominikanerpater, der vierzig Jahre auf den Philippinen bei den Aussätzigen gelebt hat, geliebt, verehrt, völlig selbstlos helfend, ein Mann des Evangeliums.

Zur Zeit Jesu waren die Leprakranken völlig ausgestoßen. Sie durften niemanden berühren, lebten außerhalb der Dörfer, und wenn sich ihnen jemand versehentlich näherte, mussten sie warnend rufen: „Unrein! Unrein!“ Sie zu berühren war streng verboten, man machte sich dadurch selber „unrein“. Die Angst vor Aidskranken in unseren Tagen erinnert ein wenig daran.

Jesus hat diese Ängste offensichtlich nicht. Er lässt den Leprakranken zu sich kommen, er läuft nicht weg und verscheucht ihn nicht. Im Gegenteil, er berührt ihn, von Mitleid bewegt. Noch bevor Jesus ihn körperlich geheilt hat, ist das Wichtigere geschehen: Der Ausgestoßene erlebt sich wieder als Mensch.

Da ist einer, der in ihm nicht die Gefahr, die unreine Bedrohung sieht, sondern den Menschenbruder, mit dem er leidet, mitfühlt.

Dieses Vorbild Jesu hat gewirkt. Der hl. Franz von Assisi (1181-1226), der sich selber überwindet und einen grausig entstellten Aussätzigen umarmt, ist das bekannteste Beispiel. Zahllose andere gibt es bis heute, die sich nicht vom Leid des Anderen abwenden, die den entstellten Nächsten weiter als Menschen, als Bruder und Schwester sehen und ihnen so helfen, nicht am eigenen Elend zu verzweifeln.

Aber da ist mehr: Der Aussätzige hat von Jesus gehört, von seinen Heilungen. Er hat eine starke, neue Hoffnung, die ihn zu Jesus hintreibt: Du kannst mich rein machen, wenn du nur willst! Sein Vertrauen wird nicht enttäuscht, das Wunder, das Unfassbare geschieht: er wird völlig heil.

Der Schritt des Vertrauens ist entscheidend. Die Bibel nennt das „glauben". Glaube ich, dass Jesus meine Lepra heilen kann? Meine inneren Verletzungen, meine Sündenlasten, meine Gewissensnot? Alles, was mich wie der Aussatz von den anderen absondert, meine Selbstachtung zerstört, mir langsam den Tod bringt? Glaube ich wirklich, wie dieser Leprakranke, dass Jesus mich ganz heil machen kann?

Eines Tages, wenn ich den Schritt wage, zu Jesus hinzugehen, mich vor ihm hinzuknien und ihm einfach all meine Not zu bringen, dann wird er auch mir sagen: „Ich will es – werde rein!"

7. Sonntag im Jahreskreis

Markusevangelium 2,1-12

Als Jesus nach Kafarnaum zurückkam, wurde bekannt, dass er wieder zu Hause war. Und es versammelten sich so viele Menschen, dass nicht einmal mehr vor der Tür Platz war; und er verkündete ihnen das Wort. Da brachte man einen Gelähmten zu ihm; er wurde von vier Männern getragen. Weil sie ihn aber wegen der vielen Leute nicht bis zu Jesus bringen konnten, deckten sie dort, wo Jesus war, das Dach ab, schlugen die Decke durch und ließen den Gelähmten auf seiner Tragbahre durch die Öffnung hinab. Als Jesus ihren Glauben sah, sagte er zu dem Gelähmten: Mein Sohn, deine Sünden sind dir vergeben! Einige Schriftgelehrte aber, die dort saßen, dachten im Stillen: Wie kann dieser Mensch so reden? Er lästert Gott. Wer kann Sünden vergeben außer dem einen Gott? Jesus erkannte sofort, was sie dachten, und sagte zu ihnen: Was für Gedanken habt ihr im Herzen? Ist es leichter, zu dem Gelähmten zu sagen: Deine Sünden sind dir vergeben!, oder zu sagen: Steh auf, nimm deine Tragbahre, und geh umher? Ihr sollt aber erkennen, dass der Menschensohn die Vollmacht hat, hier auf der Erde Sünden zu vergeben. Und er sagte zu dem Gelähmten: Ich sage dir: Steh auf, nimm deine Tragbahre, und geh nach Hause! Der Mann stand sofort auf, nahm seine Tragbahre und ging vor aller Augen weg. Da gerieten alle außer sich; sie priesen Gott und sagten: So etwas haben wir noch nie gesehen.

Die Macht zu vergeben

Man stelle sich vor: Plötzlich wird die Decke durchbrochen, und durch das so entstandene Loch wird eine Tragbahre heruntergelassen, direkt Jesus vor die Füße, um den sich dicht die Leute drängen, die ihn hören und sehen wollen, selbst bei der leichten Bauart der damaligen Häuser ein höchst ungewöhnlicher Vorgang.

Die vier Männer, die den Gelähmten auf diese phantasievolle Art zu Jesus bringen, müssen eine große Entschiedenheit haben, die vor keinem Hindernis zurückschreckt. Dabei tun sie das nicht für sich, sondern für einen anderen, der sich selber nicht mehr helfen kann.

Jesus regt sich nicht über die – recht unverschämte – Zudringlichkeit dieser Männer auf, er beschwert sich nicht darüber, dass sie sein Haus gewaltsam beschädigt haben (wie würde ich reagieren, wenn jemand so in mein Haus eindringen wollte?). Ihn interessiert etwas anderes: der unerschütterliche Glaube dieser vier, dass Jesus ihrem gelähmten Freund helfen kann. Ob dieser selber daran glaubte, spielt keine Rolle. Ihr starker Glaube beeindruckt Jesus. Heißt das nicht, dass wir andere im Glauben vor Gott hintragen können? Was tun wir anderes, wenn wir für einen kranken Freund beten? Damit bringen wir unser Vertrauen zum Ausdruck, dass Jesus diesem Menschen helfen kann.

Unser Gebet darf dabei so aufdringlich sein wie diese dachabdeckenden Männer es waren. Wie viele Eltern haben so ihre Kinder im Gebet getragen (und wie viele Kinder ihre Eltern!). Aber warum sagt Jesus dem Gelähmten: „Deine Sünden sind dir vergeben"?

Uns scheint die körperliche Lähmung das große Übel zu sein. Für Jesus ist die Sünde das viel größere Übel. Was den Menschen wirklich niederdrückt, was ihn im Leben lähmt, ist vor allem das Nein zu Gott, die Entfernung von Ihm, die Sünde heißt. Aus dieser Lähmung der Lebenskräfte kommen wir nicht selber heraus. Kein Vergessen und Verdrängen, keine noch so guten psychologischen Methoden können davon heilen. Die lähmende Last der Sünde kann nur Gott von uns nehmen.

Das wussten auch die Gegner Jesu, die sagten: „Wer kann Sünden vergeben außer dem einen Gott?" Kein Mensch kann es, kein Arzt, kein Therapeut, auch ich selber kann mir nicht meine Sünden vergeben. Ich kann sie nur verdrängen, aber das heilt mich nicht. Doch Jesus kann meine Sünden vergeben, weil er nicht bloß ein Mensch ist, sondern der Sohn Gottes.

Was die vier tüchtigen Männer mit dem einen Lahmen getan haben, das hat Jesus für alle Menschen getan: Er hat die ganze Last unserer Sünden auf sich genommen, er hat die Mauern des Todes durchbrochen und uns ein neues, mit Gott versöhntes Leben ermöglicht.

Ich liebe dieses Evangelium und höre es so, als würde Jesus heute zu mir sagen: „Mein Sohn, deine Sünden sind dir vergeben! Steh auf, geh wieder, sei wieder froh und lebendig!“

8. Sonntag im Jahreskreis

Markusevangelium 2,18-22

Da die Jünger des Johannes und die Pharisäer zu fasten pflegten, kamen Leute zu Jesus und sagten: Warum fasten deine Jünger nicht, während die Jünger des Johannes und die Jünger der Pharisäer fasten? Jesus antwortete ihnen: Können denn die Hochzeitsgäste fasten, solange der Bräutigam bei ihnen ist? Solange der Bräutigam bei ihnen ist, können sie nicht fasten. Es werden aber Tage kommen, da wird ihnen der Bräutigam genommen sein; an jenem Tag werden sie fasten. Niemand näht ein Stück neuen Stoff auf ein altes Kleid; denn der neue Stoff reißt doch vom alten Kleid ab, und es entsteht ein noch größerer Riss. Auch füllt niemand neuen Wein in alte Schläuche. Sonst zerreißt der Wein die Schläuche; der Wein ist verloren, und die Schläuche sind unbrauchbar. Neuer Wein gehört in neue Schläuche.

Ein fröhliches Fasten

Die jüdischen Hörer Jesu müssen schockiert gewesen sein, als sie die Szene erlebten, von der heute im Evangelium berichtet wird. Fasten war damals eines der Zeichen gelebter Frömmigkeit. Viele fasteten zwei Mal in der Woche, am Montag und am Donnerstag, was ja auch in der katholischen Tradition weiterlebte, in der Mittwoch und Freitag Fasttage waren. Lange galt es als eine Art Erkennungszeichen der Katholiken, am Freitag kein Fleisch zu essen, so wie Juden und Muslime kein Schweinefleisch essen. Fasten galt als religiöse Übung, nicht als Schlankheitsmanagement. Sich beim Essen spürbar einzuschränken wurde als Buße für die eigenen Sünden und als Weg der Befreiung von den eigenen Begierden gesehen. Kurzum: Fasten war etwas Frommes.

Genau das tut Jesus nicht, und seine Jünger tun es ihrem Meister nach. War Jesus unfromm? „Fresser und Säufer" (vgl. Mt 11,19), so wurde er von manchen strengen Gläubigen beschimpft. Er hat freilich selber sehr radikales Fasten gehalten, als er vierzig Tage alleine in der Wüste war. Nicht aus Jux oder Unfrömmigkeit hält er jetzt kein Fasten. Er nennt einen ganz anderen Grund dafür, und der musste seine Zuhörer erst recht schockieren: Wenn Hochzeit gefeiert wird, dann kann man doch nicht fasten.

Jesus nennt sich selber den Bräutigam. Das war unerhört. Denn jeder Jude wusste damals: Die alten Propheten haben immer wieder Gott als Bräutigam und das jüdische Volk als seine Braut bezeichnet. Das berühmte „Hohelied" im Alten Testament besang diese Liebe in leidenschaftlichen, erotischen Bildern. Gott und sein Volk – eine lange, spannende und oft schmerzliche Liebesgeschichte!

Und genau das wendet Jesus auf sich selber an. Er ist der Bräutigam. Er stellt sich an Gottes Stelle. Jetzt ist Freude angesagt, Hochzeit ist, da wird gefeiert, nicht gefastet! Unglaubliche Anmaßung, dachten seine kritischen Zuhörer: „Du machst dich selbst zu Gott!“ (Joh 10,33).

Aber Jesus geht noch ein Stück weiter. Er kündigt an, dass er einmal seinen Jüngern „weggenommen“ werden wird. Man wird ihn töten, er wird nicht mehr sichtbar hier unter uns sein. Dann wird wieder Fastenzeit sein, Zeit zu Buße und Einschränkung. Deshalb gibt es ja auch für die Christen die Fastenzeit, die mit Aschermittwoch beginnt.

Aber es ist ein Fasten eigener Art. Jesus wollte fröhliche Faster, keine zur Schau gestellten traurigen Mienen. Für die, die sich mit Jesus auf den Weg machen, ist immer Hochzeit, weil Er versprochen hat, dass Er immer bei uns bleibt – ein ständiger Grund zur Freude. Deshalb darf die Freude der Grundton des christlichen Lebens sein. Aber wir sind noch nicht am Ziel. Leider können wir vom Weg abkommen und das Ziel verfehlen. Deshalb gilt es, wachsam zu sein, um nicht nachlässig und unaufmerksam zu werden. Genau dazu können Fasten und Beten helfen. Das gilt heute genauso wie damals.

9. Sonntag im Jahreskreis

Markusevangelium 2,23-3,6

An einem Sabbat ging Jesus durch die Kornfelder, und unterwegs rissen seine Jünger Ähren ab. Da sagten die Pharisäer zu ihm: Sieh dir an, was sie tun! Das ist doch am Sabbat verboten. Er antwortete: Habt ihr nie gelesen, was David getan hat, als er und seine Begleiter hungrig waren und nichts zu essen hatten – wie er zur Zeit des Hohenpriesters Abjatar in das Haus Gottes ging und die heiligen Brote aß, die außer den Priestern niemand essen darf, und auch seinen Begleitern davon gab? Und Jesus fügte hinzu: Der Sabbat ist für den Menschen da, nicht der Mensch für den Sabbat. Deshalb ist der Menschensohn Herr auch über den Sabbat.

Als er ein andermal in eine Synagoge ging, saß dort ein Mann, dessen Hand verdorrt war. Und sie gaben acht, ob Jesus ihn am Sabbat heilen werde; sie suchten nämlich einen Grund zur Anklage gegen ihn. Da sagte er zu dem Mann mit der verdorrten Hand: Steh auf und stell dich in die Mitte! Und zu den anderen sagte er: Was ist am Sabbat erlaubt: Gutes zu tun oder Böses, ein Leben zu retten oder es zu vernichten? Sie aber schwiegen. Und er sah sie der Reihe nach an, voll Zorn und Trauer über ihr verstocktes Herz, und sagte zu dem Mann: Streck deine

9. Sonntag im Jahreskreis

Hand aus! Er streckte sie aus, und seine Hand war wieder gesund. Da gingen die Pharisäer hinaus und fassten zusammen mit den Anhängern des Herodes den Beschluss, Jesus umzubringen.

Was wird aus dem Sonntag?

„Achte auf den Sabbat: Halte ihn heilig, wie es dir der Herr, dein Gott, zur Pflicht gemacht hat. Sechs Tage darfst du schaffen und jede Arbeit tun. Der siebte Tag ist ein Ruhetag, dem Herrn, deinem Gott geweiht. An ihm darfst du keine Arbeit tun". So heißt es heute in der Lesung aus dem Alten Testament, aus dem Deuteronomium, dem 5. Buch Mose (5,12-14).

Bis heute ist das Sabbatgebot das Gebot, das im Judentum am meisten diskutiert wird. Im Staat Israel führt es zu komplizierten praktischen Fragen des Alltagslebens: Dürfen Busse am Sabbat fahren? Und Flugzeuge fliegen? Wie kocht man am Sabbat, wenn Feuer machen als Arbeit gilt, und diese verboten ist? Und gilt das auch für den elektrischen Strom? Ihn ausschalten – gilt das als Arbeit? Wann ja, wann nein?

Schon zur Zeit Jesu wurde im Judentum viel über die Sabbatgesetze diskutiert. Jesus beteiligte sich an diesen Debatten.

Manche Arbeit muss man am Sabbat tun, zum Beispiel die Haustiere tränken. Auch darf man, ja muss man Leben retten, wenn es in Gefahr ist. Das ist Arbeit, die den Sabbat nicht bricht.

Sind das nicht spitzfindige Diskussionen? Vorsicht bei Vorurteilen! Der Sabbat ist zu Recht heilig, denn – so sagen uns die gläubigen Juden – der Mensch lebt nicht nur für die Arbeit. Er ist nicht nur für die Tretmühle des Alltags geschaffen. Ziel des menschlichen Lebens ist die Ruhe bei Gott. Die Arbeit ist ein notwendiges Mittel, um zu leben. Und der Sabbat ist nicht nur dazu da, dass wir wieder Kräfte für den Alltag sammeln, sozusagen als Ruhepause für die Arbeitsmaschine.

„Der Sabbat ist für den Menschen da“, sagt Jesus. Deshalb kämpft das Judentum so sehr dafür, diesen siebten Tag für den Menschen von aller Knechtschaft freizuhalten. Auch die Sklaven, ja selbst das Vieh darf am Sabbat nicht arbeiten.

Nun hat das Judentum die Sabbatregeln in den Augen Jesu wohl allzu spitzfindig gemacht. So entsteht die Gefahr, dass der befreiende Sinn des Sabbats vom Wust der Gesetze und Regeln zugedeckt wird. Zwei solche Beispiele gibt das heutige Evangelium:

Ähren auf den Kornfeldern abreißen, ausgerechnet am Sabbat? Jesus verteidigt seine Jünger, denn sie leiden wirklich Hunger. (Können wir uns das noch vorstellen?) In Jesu Gesellschaft sind sie bitterarm. Da sollten sie nicht ein wenig ihren Hunger stillen dürfen? Und der Mann mit der verdorrten Hand: Darf Jesus am heiligen Tag der Gottesruhe nicht Gutes tun und einen armen Kranken heilen?

Da beschließen sie, Jesus umzubringen. Aus etwas Gutem – der Sabbatruhe – ist durch blinden Eifer etwas Menschenfeindliches geworden. Jesus ist voll Zorn und Trauer über diese starre Herzenshärte.

Auch heute müssten wir traurig und zornig sein, wenn mehr und mehr der Sonntag unter das Räderwerk der wirtschaftlichen „Zwänge" gerät. Wir sind weit entfernt von den strengen Ruheregeln der Juden. Immer mehr wird die Arbeitsruhe am Sonntag gebrochen. Auf der Strecke bleibt der Mensch, dem Gott die Ruhe des freien Tages wünscht, damit er noch Mensch bleibt.

10. Sonntag im Jahreskreis

Markusevangelium 3,20-35

In jener Zeit ging Jesus in ein Haus, und wieder kamen so viele Menschen zusammen, dass er und die Jünger nicht einmal mehr essen konnten. Als seine Angehörigen davon hörten, machten sie sich auf den Weg, um ihn mit Gewalt zurückzuholen; denn sie sagten: Er ist von Sinnen.

Die Schriftgelehrten, die von Jerusalem herabgekommen waren, sagten: Er ist von Beelzebul besessen; mit Hilfe des Anführers der Dämonen treibt er die Dämonen aus. Da rief er sie zu sich und belehrte sie in Form von Gleichnissen: Wie kann der Satan den Satan austreiben? Wenn ein Reich in sich gespalten ist, kann es keinen Bestand haben. Wenn eine Familie in sich gespalten ist, kann sie keinen Bestand haben. Und wenn sich der Satan gegen sich selbst erhebt und mit sich selbst im Streit liegt, kann er keinen Bestand haben, sondern es ist um ihn geschehen. Es kann aber auch keiner in das Haus eines starken Mannes einbrechen und ihm den Hausrat rauben, wenn er den Mann nicht vorher fesselt; erst dann kann er sein Haus plündern. Amen, das sage ich euch: Alle Vergehen und Lästerungen werden den Menschen vergeben werden, so viel sie auch lästern mögen; wer aber den Heiligen Geist lästert, der findet in

Ewigkeit keine Vergebung, sondern seine Sünde wird ewig an ihm haften. Sie hatten nämlich gesagt: Er ist von einem unreinen Geist besessen.

Da kamen seine Mutter und seine Brüder; sie blieben vor dem Haus stehen und ließen ihn herausrufen. Es saßen viele Leute um ihn herum, und man sagte zu ihm: Deine Mutter und deine Brüder stehen draußen und fragen nach dir. Er erwiderte: Wer ist meine Mutter, und wer sind meine Brüder? Und er blickte auf die Menschen, die im Kreis um ihn herumsaßen, und sagte: Das hier sind meine Mutter und meine Brüder. Wer den Willen Gottes erfüllt, der ist für mich Bruder und Schwester und Mutter.

Jesus – Stein des Anstoßes

Die Kirche ist oft ein Anstoß, ein Ärgernis. Ihre „Menschlichkeiten", die Fehler und Sünden ihrer Mitglieder bewirken immer neu, dass viele die Kirche einfach ablehnen. Hinter dem Ärgernis „Kirche" steht aber ein noch größeres, auch wenn es oft nicht so deutlich gesehen wird: Jesus Christus ist selber „der Stein des Anstoßes", über den viele, auch seine eigenen Jünger, stolpern. Von diesem Ärgernis spricht heute das Evangelium.

Anstoß nimmt zuerst einmal die eigene Familie. Jesus ist von Menschen belagert. Alle wollen ihn sehen, berühren, von ihm geheilt werden. Er findet nicht einmal mehr Zeit zum Essen. Seine Angehörigen kommen zur Überzeugung: Jetzt ist er wirklich von Sinnen, hat „durchgedreht". Wer sich nicht einmal mehr Zeit zum Essen nimmt, bei dem kann es nicht stimmen.

Wie oft wird ein Aufbruch junger Menschen, die ihr Leben für eine gute Sache, für den Nächsten, für Gott ganz einsetzen wollen, von der eigenen Familie zerstört: Sei doch nicht verrückt! Schau doch auf dich selbst, deine Karriere, deine Unterhaltung! Schon mancher Ruf Gottes wurde so erstickt, manche Berufung zerstört.

Jesus lässt sich von seiner Familie nicht zurückhalten. Es gibt Größeres als die eigene Familie. Der Ruf Gottes hat Vorrang. Die Familie wird zur Tyrannei, wenn sie sich nicht für den Willen Gottes öffnet und den, den Er ruft, für die Berufung frei gibt.

Darum sagt Jesus dieses nur scheinbar harte Wort über seine Mutter und seine Verwandten. Nicht weil sie seine leibliche Mutter ist, hat sie einen besonderen Platz, sondern weil sie wie keine andere den Willen Gottes getan hat.

Die Familie Jesu, das sind die, die den Willen Gottes tun. Die Blutsbande sind stark, sie können zum Gefängnis werden, wenn nicht Gott höher gestellt wird als alle Familienbeziehungen. Umgekehrt ist es etwas Wunderschönes, wenn eine leibliche Familie auch im Glauben zusammenhält. Dann erst kommen die Verwandschaftsbande ins rechte Lot. Dann können auch so manche Wunden heilen, die es oft in Familien gibt.

Die Familie nach dem Herzen Jesu ist die, in der Gottes Willen die Mitte bildet, in der Jesus Versöhnung stiftet und seine heilende Gegenwart schenkt. Eine solche Familie wird zur „Hauskirche“, und an ihr wird auch deutlich, wie Jesus seine Kirche will. Sie soll seine Familie sein.

Schlimmer als der Vorwurf, Jesus sei „von Sinnen“, ist die Beschuldigung, er sei vom Teufel besessen. Er trifft Jesus ins Herz. Es ist die totale Ablehnung Jesu. Wer in ihr bewusst und entschieden verharrt, den kann Jesu Barmherzigkeit nicht erreichen. Er verschließt sein Herz gegen den Heiligen Geist. Selbst Gott kann und will nicht gegen den Willen des Menschen die Tür vor dessen Herz aufbrechen, wenn dieser sie von innen verschlossen hat.

Und Jesus spricht nüchtern vom „Reich des Satans“. Es ist eine Wirklichkeit, mächtig, weltumspannend, mit seinen Strategien und seinem Willen, wo immer möglich das Gute zu zerstören. Jesus sagt aber auch ein Wort ganz großen Trostes: Er ist jener Stärkere, der in das Reich und Haus des Bösen eindringt und ihn fesselt. Er allein vermag das. Darum bekämpft das Reich des Bösen vor allem Ihn, Christus, den Herrn, und seine von Ihm getragene Kirche.

11. Sonntag im Jahreskreis

Markusevangelium 4,26-34

In jener Zeit sprach Jesus zu der Menge: Mit dem Reich Gottes ist es so, wie wenn ein Mann Samen auf seinen Acker sät; dann schläft er und steht wieder auf, es wird Nacht und wird Tag, der Samen keimt und wächst, und der Mann weiß nicht, wie. Die Erde bringt von selbst ihre Frucht, zuerst den Halm, dann die Ähre, dann das volle Korn in der Ähre. Sobald aber die Frucht reif ist, legt er die Sichel an; denn die Zeit der Ernte ist da. Er sagte: Womit sollen wir das Reich Gottes vergleichen, mit welchem Gleichnis sollen wir es beschreiben? Es gleicht einem Senfkorn. Dieses ist das kleinste von allen Samenkörnern, die man in die Erde sät. Ist es aber gesät, dann geht es auf und wird größer als alle anderen Gewächse und treibt große Zweige, so dass in seinem Schatten die Vögel des Himmels nisten können. Durch viele solche Gleichnisse verkündete er ihnen das Wort, so wie sie es aufnehmen konnten. Er redete nur in Gleichnissen zu ihnen; seinen Jüngern aber erklärte er alles, wenn er mit ihnen allein war.

Und es wächst doch

Wie wächst Gottes Reich? Kann man es sehen, messen, berechnen, voraussagen? Wie oft spricht Jesus vom Reich Gottes, von seinem Wachsen! Meist spricht er in Gleichnissen davon.

Er verwendet Bilder aus dem damaligen Alltag, Erfahrungen, die allen zugänglich sind. Doch bricht er immer die Selbstverständlichkeit auf. Er zeigt, dass das Alltägliche nicht alltäglich ist. Alles kann zum Anlass werden, zu staunen. Denn nichts ist selbstverständlich für den, der das Staunen nicht verlernt hat.

Was ist normaler, als dass Samen ausgesät wird? Da liegt nun der Same im Boden. Und siehe da: er wächst. Bei Tag und bei Nacht, ob der Sämann daran denkt oder nicht, die Saat wächst und wächst. „Automatisch", heißt es im griechischen Text. „Von selbst", übersetzt es die deutsche Bibel, wörtlich „aus eigenem Antrieb" heraus bringt die Erde Frucht, „zuerst den Halm, dann die Ähre, dann das volle Korn in der Ähre", und Jesus fügt hinzu: „Und der Mann weiß nicht, wie."

Niemand weiß es. Viel haben die Wissenschaftler erforscht. Unser Wissen ist enorm gewachsen. Wir können heute unvergleichlich mehr wissen als unsere Vorfahren. Was mich dabei immer mehr wundert, ist die seltsame Tatsache, dass unsere Zeitgenossen nicht mehr staunen als unsere Vorfahren. Denn mehr Wissen führt ja nicht zu mehr Einbildung, sondern zu größerem Staunen. So sollte es zumindest sein.

Je mehr wir über die Natur, das Leben, sein „Funktionieren" wissen, desto größer müsste unser Staunen über den werden, der all das in so unfassbar wunderbarer Weise geschaffen, geordnet, gefügt und aufeinander abgestimmt hat. Je mehr wir wissen, desto unwahrscheinlicher wird es, dass das alles das Ergebnis eines bloßen Würfelspiels des Zufalls darstellt.

Doch geht es in den beiden heutigen Gleichnissen vom Samen und dessen Wachstum nicht um Naturkunde. Das Staunen über die Wunder des Natürlichen soll zum noch größeren Staunen über die Wunder des „Übernatürlichen" führen.

Das Reich Gottes wächst, „du weißt nicht wie". Wir Menschen tragen dazu bei wie der Sämann, der den Samen aussät. Aber er hat weder den Samen selber gemacht noch produziert er das „automatische" Wachsen. Das besorgt „die Natur" und der, der sie erschaffen hat.

So ist es mit dem Reich Gottes. Die Eltern können den Kindern den Samen des Glaubens ins Herz legen. Sie können sein Wachstum fördern, aber sie können den Glauben ihrer Kinder nicht „produzieren".

Gott bleibt der Geber von Gnade und Glauben. Er schenkt das Wachsen und lässt die Frucht seines Wirkens reifen.

Wie sieht es mit dem Wachsen des Reiches Gottes in Österreich, in Europa aus? Haben wir nicht eher ein Nullwachstum oder gar ein „negatives Wachstum" in Sachen Glauben? Ich fürchte, vieles spricht für einen solchen Niedergang.

Und doch: Gott bleibt der souveräne Herr von Wachstum und Ernte. Ein Beispiel, dass mich sehr bewegt hat. Wadowice, eine kleine polnische Stadt bei Krakau. 1920 wurde dort in der Pfarrkirche ein Kind auf den Namen Karol getauft. Ein Samenkorn, klein wie ein Senfkorn. Am

2. April 2005 starb dieser Karol, Papst Johannes Paul II. Aus einem winzigen Samenkorn der Gnade ist ein riesiger Baum gewachsen. In seinen Ästen konnten viele nisten. Er vor allem hat die Welt vom Kommunismus befreit und vielen Menschen Mut und Hoffnung gegeben. Und das Reich Gottes ist gewachsen.

12. Sonntag im Jahreskreis

Markusevangelium 4,34-41

Am Abend dieses Tages sagte er zu ihnen: Wir wollen ans andere Ufer hinüberfahren. Sie schickten die Leute fort und fuhren mit ihm in dem Boot, in dem er saß, weg; einige andere Boote begleiteten ihn. Plötzlich erhob sich ein heftiger Wirbelsturm, und die Wellen schlugen in das Boot, so dass es sich mit Wasser zu füllen begann. Er aber lag hinten im Boot auf einem Kissen und schlief. Sie weckten ihn und riefen: Meister, kümmert es dich nicht, dass wir zugrunde gehen? Da stand er auf, drohte dem Wind und sagte zu dem See: Schweig, sei still! Und der Wind legte sich, und es trat völlige Stille ein. Er sagte zu ihnen: Warum habt ihr solche Angst? Habt ihr noch keinen Glauben? Da ergriff sie große Furcht, und sie sagten zueinander: Was ist das für ein Mensch, dass ihm sogar der Wind und der See gehorchen?

Glaube im Sturm

„Kümmert es dich nicht, dass wir zugrunde gehen?“ Der Notschrei der Jünger im Seesturm ist uns nicht fremd. Das Schiff droht unterzugehen – und Jesus schläft, als wäre nichts. Angst und Panik erfassen selbst die seetüchtigen, erfahrenen Fischer vom See Gennesaret – und Jesus scheint ahnungslos und unbekümmert.

Die Situation wiederholt sich in allen möglichen Abwandlungen. Inmitten der Stürme des Lebens scheint Gott oft abwesend zu sein. Wenn Not und Bedrängnis uns an den Rand des Unterganges bringen, ist Christus wie schlafend, als hörte und sähe er nicht, wie es uns geht. In diese Situation hinein spricht das heutige Evangelium, beschämend und tröstlich zugleich.

Der See Gennesaret ist bekannt für plötzliche und heftige Stürme. Es wäre nicht das erste Boot, das dabei unterginge. Vor einigen Jahren hat man ein solches Fischerboot aus der Zeit Jesu entdeckt. Es ist heute der Stolz des Museums im Kibbuz Kinereth. Die Jünger wussten genau, in welche Gefahr sie geraten waren.

Dass sie den Kopf verloren und in völlige Panik gerieten, hat sie nachher sicher beschämt. Denn ihr Meister hatte doch so viel vom Gottvertrauen gesprochen, und davon, dass sie sich immer in Seiner Hand geborgen wissen dürfen. In den Schrecken des aufgewühlten Sees waren alle diese schönen und frommen Gedanken wie weggeblasen. Übrig blieb nur die nackte Überlebensangst.

Und wie viele solche Seesturmsituationen gibt es im Leben! Wenn es in einer Beziehung nur mehr Konflikt gibt; wenn die eigene wirtschaftliche Lage an den Rand des Untergangs führt; wenn seelisch der Boden wankt und schwankt. Wo ist in solchen Stunden Gott? Schläft Er? Hat Er mich vergessen? Was hilft mir jetzt mein Glaube? Ist er vielleicht eingeschlafen? Habe ich, als alles noch so gut ging, ihn einschlafen lassen, den „lieben Gott" vergessen, den Glauben vernachlässigt? Was Wunder, wenn er jetzt, in der plötzlichen Not, nicht wach ist und mir durch die Stürme hindurch hilft. Der Glaube muss, wie jede Haltung im Leben, in guten Zeiten eingeübt werden, um in schlechten wach zu sein. Wenn ich es mir nicht zur Gewohnheit mache, im Glück Gott zu danken, dann werde ich in der Not nicht das Gottvertrauen haben, das mich dann tragen könnte.

Die Szene des Evangeliums ist tröstlich: selbst den Aposteln sind Glauben und Vertrauen in der Stunde der großen Bedrängnis abhanden gekommen – zumindest am Anfang. Jesus hat sie aber aus ihrer Verwirrung herausgeholt. Er bringt den Sturm zum Schweigen. Er stellt ihren Glauben wieder her. Und sie fragen sich beschämt: Wann haben wir nicht vertraut? Das nächste Mal werden sie sich daran erinnern. Es wird sicher auch in Zukunft Schwierigkeiten, bedrängende Situationen geben. Gott erspart sie uns nicht. Aber sie wissen: Jesus ist im Boot meines Lebens. Selbst wenn alles verloren scheint, Er wird aufstehen und mir beistehen. Mit Ihm bin ich nie verloren. Er ist mein Retter.

13. Sonntag im Jahreskreis

Markusevangelium 5,21-43

In jener Zeit fuhr Jesus im Boot ans andere Ufer hinüber, und eine große Menschenmenge versammelte sich um ihn. Während er noch am See war, kam ein Synagogenvorsteher namens Jaïrus zu ihm. Als er Jesus sah, fiel er ihm zu Füßen und flehte ihn um Hilfe an; er sagte: Meine Tochter liegt im Sterben. Komm und leg ihr die Hände auf, damit sie wieder gesund wird und am Leben bleibt. Da ging Jesus mit ihm.

Viele Menschen folgten ihm und drängten sich um ihn. Darunter war eine Frau, die schon zwölf Jahre an Blutungen litt. Sie war von vielen Ärzten behandelt worden und hatte dabei sehr zu leiden; ihr ganzes Vermögen hatte sie ausgegeben, aber es hatte ihr nichts genutzt, sondern ihr Zustand war immer schlimmer geworden. Sie hatte von Jesus gehört. Nun drängte sie sich in der Menge von hinten an ihn heran und berührte sein Gewand. Denn sie sagte sich: Wenn ich auch nur sein Gewand berühre, werde ich geheilt. Sofort hörte die Blutung auf, und sie spürte deutlich, dass sie von ihrem Leiden geheilt war. Im selben Augenblick fühlte Jesus, dass eine Kraft von ihm ausströmte, und er wandte sich in dem Gedränge um und fragte: Wer hat mein Gewand berührt? Seine Jünger sagten zu ihm:

13. Sonntag im Jahreskreis

Du siehst doch, wie sich die Leute um dich drängen, und da fragst du: Wer hat mich berührt? Er blickte umher, um zu sehen, wer es getan hatte. Da kam die Frau, zitternd vor Furcht, weil sie wusste, was mit ihr geschehen war; sie fiel vor ihm nieder und sagte ihm die ganze Wahrheit. Er aber sagte zu ihr: Meine Tochter, dein Glaube hat dir geholfen. Geh in Frieden! Du sollst von deinem Leiden geheilt sein.

Während Jesus noch redete, kamen Leute, die zum Haus des Synagogenvorstehers gehörten, und sagten (zu Jaïrus): Deine Tochter ist gestorben. Warum bemühst du den Meister noch länger? Jesus, der diese Worte gehört hatte, sagte zu dem Synagogenvorsteher: Sei ohne Furcht; glaube nur! Und er ließ keinen mitkommen außer Petrus, Jakobus und Johannes, den Bruder des Jakobus. Sie gingen zum Haus des Synagogenvorstehers. Als Jesus den Lärm bemerkte und hörte, wie die Leute laut weinten und jammerten, trat er ein und sagte zu ihnen: Warum schreit und weint ihr? Das Kind ist nicht gestorben, es schläft nur. Da lachten sie ihn aus. Er aber schickte alle hinaus und nahm außer seinen Begleitern nur die Eltern mit in den Raum, in dem das Kind lag. Er fasste das Kind an der Hand und sagte zu ihm: Talita kum!, das heißt übersetzt: Mädchen, ich sage dir, steh auf! Sofort stand das Mädchen auf und ging umher. Es war zwölf Jahre alt. Die Leute gerieten außer sich vor Entsetzen. Doch er schärfte ihnen ein, niemand dürfe etwas davon erfahren; dann sagte er, man solle dem Mädchen etwas zu essen geben.

Nur ein Tod ist zu fürchten

Wie anschaulich werden die beiden Wunder Jesu erzählt! Dem Evangelisten Markus genügen wenige Worte, um beide Szenen fast greifbar und sichtbar zu machen. Überall wird von Jesus erzählt. Die Menschen drängen sich, wollen Jesus sehen, hören, berühren. Seine Krankenheilungen wecken viele Hoffnungen. Von allen Seiten brandet die Not an ihn heran. Und da das Leid nicht wählerisch ist, alt und jung, reich und arm treffen kann, finden wir unter den Hilfesuchenden alle Arten von Menschen. Not lehrt wirklich Beten und Bitten!

Wie berührend ist die Bitte des Synagogenvorstehers: „Meine Tochter liegt im Sterben!“ Sein geliebtes Kind soll nicht sterben. Keiner kann helfen – außer Jesus, dem er in seiner Not völlig vertraut.

Unter denen, die Jesus vertrauen und von ihm Hilfe erhoffen, ist auch eine Frau in der Menschenmenge, die sich um Jesus drängt. „Blutfluss“ – das macht kultisch „unrein“. Sie ist ausgeschlossen vom religiösen Leben, und sie darf niemanden berühren, damit sie nicht andere unrein macht. Vergebliche Hilfesuche bei Ärzten, die nur Geld kosten, aber nicht heilen können. In der Menge hofft sie, unbemerkt Jesus berühren zu können. Es bleibt nicht unbemerkt, bei ihr und bei ihm. Beide spüren, dass eine Kraft wirksam war, die von ihm ausgeht und sie heilt. Nicht um sie bloßzustellen sucht Jesus nach ihr, sondern um ihren Glauben zu loben.

Glauben fordert er auch von Jaïrus, als ihm gesagt wird, das Kind sei gestorben: „Sei ohne Furcht; glaube nur!“ Unvergesslich bleibt den drei Aposteln, die Jesus ins Sterbezimmer mitnimmt, wie er mit einem einfachen Wort das Mädchen aus dem Tod „aufweckt“. Sie haben es in Jesu Muttersprache aufbewahrt: „Talita kum!“

Jesus hat diese beiden Wunder für ganz bestimmte Menschen in ihrer ganz konkreten Not gewirkt. Aufgezeichnet wurden sie aber für uns. Wozu? Damit wir Jesus besser kennen lernen. Er nimmt uns mit auf seinem Weg und lässt uns sehen, wie er wirkt, wer er ist. Er ist der „Heiland“. Wo er hinkommt, da wird es heil. Er heilt die Krankheit des Leibes, nicht nur damals. Bis heute geschehen Wunder dieser Art, in Seinem Namen und aus Seiner Kraft. Die Berichte darüber füllen Bibliotheken, und noch mehr sind nie verzeichnet worden, aber ganz real geschehen.

Und bis heute lässt Jesus sich von uns berühren. In jedem Sakrament, besonders in der Eucharistie, berühren wir nicht nur „den Saum seines Gewandes“, sondern Ihn selber. Und in jedem Sakrament „strömt eine Kraft von ihm aus“, die den Leib heilen und die Seele mit dieser Kraft erfüllen kann. So ist die blutflüssige Frau für immer das

Vorbild eines Glaubens, der sich traut, Jesus zu berühren, und der von Jesus berührt wird.

„Das Kind schläft nur“, sagt Jesus, zum Spott derer, die um das Kind wehklagen. Jesus weiß, dass es tot ist, aber nicht ewig. Auch wenn er es aus dem Tod erweckt hat (und das geschah noch oft in der Geschichte der Kirche), es wird einmal wieder sterben, oder, wie wir sagen, „entschlafen“. Jesus ist Herr auch über den Tod.

Deshalb brauchen wir auch den „Schlaf“ des Todes nicht zu fürchten. Zu fürchten haben wir nur „den zweiten Tod“, den, vor dem der Herr uns und alle bewahren möge: den Tod einer ewigen Trennung von Gott. Deshalb ist nichts eiliger, als Jesus ganz und völlig zu vertrauen – und Ihm zu glauben!

14. Sonntag im Jahreskreis

Markusevangelium 6,1b-6

In jener Zeit kam Jesus in seine Heimatstadt; seine Jünger begleiteten ihn. Am Sabbat lehrte er in der Synagoge. Und die vielen Menschen, die ihm zuhörten, staunten und sagten: Woher hat er das alles? Was ist das für eine Weisheit, die ihm gegeben ist! Und was sind das für Wunder, die durch ihn geschehen! Ist das nicht der Zimmermann, der Sohn der Maria und der Bruder von Jakobus, Joses, Judas und Simon? Leben nicht seine Schwestern hier unter uns? Und sie nahmen Anstoß an ihm und lehnten ihn ab. Da sagte Jesus zu ihnen: Nirgends hat ein Prophet so wenig Ansehen wie in seiner Heimat, bei seinen Verwandten und in seiner Familie. Und er konnte dort kein Wunder tun; nur einigen Kranken legte er die Hände auf und heilte sie. Und er wunderte sich über ihren Unglauben. Jesus zog durch die benachbarten Dörfer und lehrte.

Kennen wir einander?

Enttäuschung über zu Hause. Fast dreißig Jahre hat Jesus in Nazaret gelebt, dem Dorf in Galiläa, das damals weder wichtig noch bekannt war. Dort war er aufgewachsen, hat wohl die Synagogenschule besucht, das Handwerk seines Vaters erlernt und ausgeübt. Dort lebte seine Verwandtschaft, seine „Brüder und Schwestern", wie sie nach jüdischem Brauch genannt werden.

Dreißig Jahre alt war Jesus etwa, als er plötzlich aufbrach, hinunterzog zum See Gennesaret, nach Kafarnaum, an der großen Handelsstraße gelegen, die vom Osten zum Mittelmeer führte. Schnell war er berühmt geworden. Sein Wort fesselte die Menschen, mehr vielleicht noch seine Wunder, die vielen Heilungen von Kranken aller Art.

Und jetzt kam er zum ersten Mal wieder heim nach Nazaret. Natürlich hatte sich herumgesprochen, dass der Zimmermann, der Sohn der Maria, in aller Munde war. Überall war die Rede von ihm. Neugier ist die erste Reaktion der Leute in seinem Dorf, als er am Samstag, am Sabbat, nun auch bei ihnen öffentlich zu reden beginnt. Sie staunen über ihn, doch schnell schlägt die Stimmung um. Kritik wird laut: Wir wissen doch, wer er ist. Wir kennen ihn doch von klein auf. Für wen hält er sich eigentlich? Er ist einer von uns, um nichts besser als wir! Wie kommt er dazu uns, seinen Landsleuten, zu predigen?

Diese Ablehnung verwundert und schmerzt Jesus. Wer wünscht sich nicht, gerade daheim anerkannt zu werden? Statt dessen Eifersucht und Unverständnis. Jesus hat damals etwas gesagt, das bis heute ein Sprichwort geblieben ist: Ein Prophet gilt nichts in seiner Heimat! Wie oft hat sich das schmerzlich bewahrheitet. Die eigenen Leute meinen einen besonders gut zu kennen – und wissen oft so wenig über den anderen. Die Familie kann tyrannisch sein: keiner darf ausscheren, anders sein, eigene Wege gehen. Anfangs war es auch bei der Verwandtschaft Jesu so. Sie hielten ihn zuerst für verrückt und wollten ihn mit Gewalt wieder zurückholen, so berichtet Markus. Später hat sich das geändert. Jakobus, einer der vier hier genannten „Brüder Jesu", wurde sogar das Oberhaupt der jungen Kirche von Jerusalem. Erst allmählich haben sie erkannt, wer Jesus wirklich war, den sie von Kindheit an zu kennen meinten, weil er mit ihnen aufgewachsen war und weil er doch einer der ihren war.

Ich glaube, vor allem zwei Dinge zeigt die enttäuschende Erfahrung von Nazaret. Das erste gilt für Jesus allein: Wie sollten seine Dorfgenossen und seine Verwandten erkennen, dass dieses Kind, das da mitten unter ihnen aufwuchs, ein solch großes Geheimnis in sich trägt, dass er Gottes menschgewordener Sohn ist? Zu unscheinbar war der Alltag in Nazaret. Bis heute ist es ein wenig so. Gottes Gegenwart mitten unter uns ist oft verborgen, leicht zu übersehen. Christus ist auch heute im „Alltagsgewand" bei uns, nur die Augen des Glaubens nehmen ihn wahr.

Das zweite betrifft uns alle: Wie leicht täuschen wir uns über unsere Allernächsten. Jeder Mensch hat sein Geheimnis, seine ungeahnten Qualitäten. Oft sind es Außenstehende, Fremde, die sie besser wahrnehmen als die eigene Familie, die meint, schon alles zu kennen. Wie schön, wenn wir neu entdecken, welche Schätze im anderen zu finden sind!

15. Sonntag im Jahreskreis

Markusevangelium 6,7-13

In jener Zeit, rief Jesus die Zwölf zu sich und sandte sie aus, jeweils zwei zusammen. Er gab ihnen die Vollmacht, die unreinen Geister auszutreiben, und er gebot ihnen, außer einem Wanderstab nichts auf den Weg mitzunehmen, kein Brot, keine Vorratstasche, kein Geld im Gürtel, kein zweites Hemd und an den Füßen nur Sandalen. Und er sagte zu ihnen: Bleibt in dem Haus, in dem ihr einkehrt, bis ihr den Ort wieder verlasst. Wenn man euch aber in einem Ort nicht aufnimmt und euch nicht hören will, dann geht weiter und schüttelt den Staub von euren Füßen, zum Zeugnis gegen sie. Die Zwölf machten sich auf den Weg und riefen die Menschen zur Umkehr auf. Sie trieben viele Dämonen aus und salbten viele Kranke mit Öl und heilten sie.

Von heiligen Narren

Man reibt sich die Augen und fragt sich: habe ich richtig gelesen? So also war's am Anfang der Kirche: Ohne Vorratstasche, ohne Geld, mit Sandalen und Wanderstab hat Jesus seine ersten Jünger ausgesandt, das Evangelium zu den Menschen zu bringen. Was ist daraus geworden? Hat die Kirche dieses Ideal längst verraten? Wie leben die Nachfolger der Apostel heute? Und können sie, tun sie, was Jesus den ersten Aposteln aufgetragen hat: Dämonen austreiben und Kranke heilen? Glauben die heutigen Nachfolger der Apostel überhaupt noch an Teufel und Dämonen und an ihren Auftrag, Menschen aus deren Klauen zu befreien? Glauben die heutigen Jünger Jesu noch daran, dass ihr Meister ihnen den Auftrag und die Vollmacht gegeben hat, Kranke nicht nur zu trösten, sondern auch zu heilen?

Das Evangelium ist ein gefährlicher Spiegel. Wer da hineinschaut, muss gefasst sein, dass sein Leben in Frage gestellt wird. Was sehe ich darin, als Bischof und Nachfolger der Apostel? Was sehen Pfarrer in unserer heutigen Lebenssituation in diesem Spiegel? Was sehen Sie, liebe Leser, in diesen Worten Jesu, die sich ja an alle Menschen richten?

Es gibt einen einfachen Ausweg, selbstkritische Fragen zu umgehen: Dieses Evangelium gilt für damals, für die heldenhaften Zeiten des Anfangs. Damals brauchte es solche radikalen Leute, die arm, ohne Macht, mittellos hinauszogen, nur mit der Kraft Jesu und seines Geistes ausgerüstet, um das Evangelium zu verkünden. Seither hat die Kirche sich überall auf der Welt ausgebreitet, ihre Strukturen, Gemeinden, Pfarren usw. eingerichtet und funktioniert trotz mancher Schwächen seit nunmehr fast zweitausend Jahren doch erstaunlich gut.

Dieser Ausweg ist zu billig. Franz von Assisi (1181-1226) hat sich mit dieser Erklärung nicht zufrieden gegeben, und ebenso wenig Mutter Teresa von Kalkutta (1910-1997). Immer wieder hat es „heilige Narren" gegeben, die dieses Evangelium wörtlich genommen haben. Mein Ordensgründer, der heilige Dominikus (1170-1221) war so einer (ich gehöre dem Dominikanerorden an). Er hat wirklich allen Reichtum verlassen, um arm und in völligem Gottvertrauen loszuwandern mit der frohen Botschaft. Und das Erstaunliche ist wieder: Diese Narren der Nachfolge Jesu haben die Kirche erneuert, sie aus dem Schlaf der Sicherheit aufgeweckt. Sie haben den frischen Wind des Evangeliums in die stickige Luft einer zu gut eingerichteten Kirche gebracht. Und das ist selbst im prächtigen Palast des Vatikans möglich – denken wir an den guten Papst Johannes XXIII. (1881-1962).

Was heißt das für einen Bischof von heute, einen Pfarrer, oder jeden von uns? Auch wenn wir heute nicht mit Sandalen und Wanderstab unterwegs sind – manche tun es sogar heute –, so kann ich mich doch innerlich loslösen, beweglich bleiben, ein Pilger auf diesen Erdenwegen, bereit, das viele Gepäck, das sich ansammelt, loszulassen und auf die Kraft Jesu zu vertrauen, die heil macht und aus den Fängen des Bösen befreit. So kann jeder, auch daheim, Apostel Jesu sein.

16. Sonntag im Jahreskreis

Markusevangelium 6,30-34

In jener Zeit versammelten sich die Apostel, die Jesus ausgesandt hatte, wieder bei ihm und berichteten ihm alles, was sie getan und gelehrt hatten. Da sagte er zu ihnen: Kommt mit an einen einsamen Ort, wo wir allein sind, und ruht ein wenig aus. Denn sie fanden nicht einmal Zeit zum Essen, so zahlreich waren die Leute, die kamen und gingen. Sie fuhren also mit dem Boot in eine einsame Gegend, um allein zu sein. Aber man sah sie abfahren und viele erfuhren davon; sie liefen zu Fuß aus allen Städten dorthin und kamen noch vor ihnen an. Als er ausstieg und die vielen Menschen sah, hatte er Mitleid mit ihnen; denn sie waren wie Schafe, die keinen Hirten haben. Und er lehrte sie lange.

Urlaub anderer Art

Heute passt das Evangelium gut zur Ferien- und Urlaubszeit: „Ruht ein wenig aus!“ Es gibt die Zeit zum Arbeiten und die Zeit, von der Arbeit auszuruhen. Jesus gönnt seinen Mitarbeitern, den Aposteln, eine Zeit der Erholung, nachdem sie eine anstrengende Zeit des Einsatzes hinter sich hatten: „Kommt mit an einen einsamen Ort, wo wir allein sind, und ruht ein wenig aus.“

Die „Ferien“, wie Jesus sie mit seinen Freunden plant, sollen nicht wieder eine hektische, gestresste Zeit sein, voller Erlebnisse, Abwechslungen und Zerstreuungen. Das ist nicht wirklich ein Ausruhen, ein Zur-Ruhe-Kommen. Jesus will mit den Jüngern Zeit haben, in Ruhe und abseits vom Wirbel einfach zusammen zu sein. Sie sollen in der Gemeinschaft mit ihm und untereinander „auftanken“ können. Dafür eignen sich die lauten Plätze, wo ständig Wirbel und Lärm ist, nicht. Jesus selber hat oft die Einsamkeit gesucht, bevorzugt auf Bergen, fernab vom Treiben der Menschen. In der Stille und im Gebet hat er seine „Erholung“ gefunden. Viele suchen heute zu Recht wieder stärker nach solchen Formen des „Urlaubs der Seele“.

Damals freilich kam es ganz anders. Nicht die Stille eines einsamen Ortes erwartete die erholungsbedürftigen Apostel, sondern eine große Menschenmenge, die Jesus sehen, berühren, hören wollte.

Ich habe selber in Afrika vor zwei Jahren eine ähnliche Szene erlebt, als wir mit einem Boot über den See zu einem Dorf fuhren, wo ich Gottesdienst halten sollte. Wir sahen Scharen von Menschen am Ufer entlang laufen. Sie kamen vor uns an, und als wir aus dem Boot stiegen, erwartete uns eine riesige Menschenmenge.

Ich versuche mir vorzustellen, welche Gesichter die Apostel machten, als sie die vielen Leute sahen: wieder nichts mit einer ruhigen Zeit! Schon wieder kein Ausruhen, keine Entspannung! Aber darüber schweigt der Evangelist Markus. Nur die Haltung Jesu interessiert ihn: Kein Wort der Ungeduld, des Ärgers darüber, dass aus der geplanten Erholung nichts wird. Er wendet sich ganz den Menschen zu, die mit ihren Sorgen, ihrer Not, mit ihren Krankheiten ihm voll Erwartung nachgelaufen sind, viele wohl leidend, erschöpft und vom Leben gezeichnet. Er denkt nicht an seine wohlverdiente Ruhe, seinen „Urlaub", sondern an alle die Menschen, die jetzt voll Hoffnung auf ihn schauen. Und er schaut voll Mitleid auf sie, sieht ihre Mühe und Plagen und welche Lasten sie zu tragen haben.

Und nun das Überraschende: Jesus reagiert auf die Not der Menschen, die ihm zu Herzen geht, auf ungewöhnliche Weise: „er lehrte sie lange", so lange bis es Abend wird und den Jüngern schon der Magen knurrt und sie ihn daran erinnern, dass es Zeit zum Essen wird, wenn man schon nicht die erhoffte Ruhe gefunden hat.

Jesu Mitleid gilt von allem der Orientierungslosigkeit der Menschen, die ihm nachlaufen. Er will ihnen zuerst und vor allem den Weg zeigen, der zum Leben und zum Glück führt. Er gibt ihnen zuerst sein Evangelium und dann auch das Brot für ihren Leib (siehe nächsten Sonntag). Brot haben wir heute Gott sei Dank bei uns ausreichend. Dringend brauchen wir aber Orientierung. Die gibt Jesus auch heute mit seinem Evangelium, gratis, ausgiebig. Nur Zeit müssen wir uns dafür nehmen, sinnvolle Urlaubszeit.

17. Sonntag im Jahreskreis

Johannesevangelium 6,1-15

In jener Zeit ging Jesus an das andere Ufer des Sees von Galiläa, der auch See von Tiberias heißt. Eine große Menschenmenge folgte ihm, weil sie die Zeichen sahen, die er an den Kranken tat. Jesus stieg auf den Berg und setzte sich dort mit seinen Jüngern nieder. Das Pascha, das Fest der Juden, war nahe. Als Jesus aufblickte und sah, dass so viele Menschen zu ihm kamen, fragte er Philippus: Wo sollen wir Brot kaufen, damit diese Leute zu essen haben? Das sagte er aber nur, um ihn auf die Probe zu stellen; denn er selbst wusste, was er tun wollte. Philippus antwortete ihm: Brot für zweihundert Denare reicht nicht aus, wenn jeder von ihnen auch nur ein kleines Stück bekommen soll. Einer seiner Jünger, Andreas, der Bruder des Simon Petrus, sagte zu ihm: Hier ist ein kleiner Junge, der hat fünf Gerstenbrote und zwei Fische; doch was ist das für so viele! Jesus sagte: Lasst die Leute sich setzen! Es gab dort nämlich viel Gras. Da setzten sie sich; es waren etwa fünftausend Männer. Dann nahm Jesus die Brote, sprach das Dankgebet und teilte an die Leute aus, so viel sie wollten; ebenso machte er es mit den Fischen. Als die Menge satt war, sagte er zu seinen Jüngern: Sammelt die übrig gebliebenen Brotstücke, damit nichts verdirbt. Sie sammelten und füllten zwölf Körbe mit den Stücken, die von den fünf Gerstenbroten nach dem Essen übrig waren. Als die Menschen das Zeichen sahen, das er getan hatte, sagten sie: Das ist wirklich der Prophet, der in die Welt kommen soll. Da erkannte Jesus, dass sie kommen würden, um ihn in ihre Gewalt zu bringen und zum König zu machen. Daher zog er sich wieder auf den Berg zurück, er allein.

Woher die Kraft nehmen?

Wenn vier Personen über das selbe Ereignis berichten, werden nicht alle genau das selbe sagen, denn jeder wird bestimmte Einzelheiten besonders hervorheben, wird manches weglassen, was den anderen wichtig schien. Und doch ist klar: es handelt sich um ein und dasselbe Geschehen. Gerade die Unterschiede in den Berichten machen die vier Zeugen noch glaubwürdiger, wenn sich zeigt, dass sie im Wesentlichen übereinstimmen. Alle vier Evangelisten sprechen von einem besonders eindrucksvollen Ereignis im Leben Jesu. Er habe einmal (nach Matthäus und Markus sogar zweimal) eine sehr große Menschenmenge, die kein (oder nicht genügend) Essen mit hatte, mit nur ganz wenigen Broten reichlich satt gemacht, sodass am Schluss noch mehrere Körbe voll Brot übrig blieben.

Ich sehe selber keinen ernsthaften Grund, an der Glaubwürdigkeit dieser vier Zeugen zu zweifeln. Ich glaube auch daran, dass Christus die Macht hatte (und noch immer hat), ein solches Zeichen zu wirken, das als „Wunder der Brotvermehrung" benannt wird. Es gibt zudem in der Geschichte der Kirche nicht wenige ähnliche Wunder, die gut bezeugt sind. Ich denke etwa an den Mehltrog im Waisenhaus des heiligen Pfarrers von Ars (1786-1859). Dieser Mehltrog wurde lange Zeit einfach nicht leer, als es im Waisenhaus am Nötigsten fehlte und die Kinder kaum zu essen hatten.

Die Frage ist: Warum erzählen alle vier Evangelien diese Geschichte? Sicher, weil sie sehr auffallend war und auf die Menschen einen großen Eindruck machte. Warum hat Jesus dieses Wunder gewirkt? Johannes sagt, Jesus habe gewusst, „was er tun wollte". Was hat ihn dazu bewogen? Was ist sozusagen die Botschaft dieses außergewöhnlichen Ereignisses?

Übereinstimmend bezeugen die vier Evangelien: Jesus bewog zuerst einmal die ganz einfache Sorge: wie bekommen diese vielen Menschen zu essen? Bei Markus steht das ausdrücklich. Da sagt Jesus: „Ich habe Mitleid mit diesen Menschen; sie sind schon drei Tage bei mir und haben nichts mehr zu essen. Wenn ich sie hungrig nach Hause schicke, werden sie unterwegs zusammenbrechen; denn einige von ihnen sind von weither gekommen" (Mk 8,2-3). Jesus schaut nicht weg, wenn er Menschen leiden sieht. Nicht immer hat er alle Not abgewendet, aber nie hat er sich von den Notleidenden abgewandt.

Und er wollte und will, dass das bei seinen Jüngern nicht anders ist. Deshalb stellt er sie auf die Probe. Er fordert sie zum Helfen auf, und als sie ihm sagen: du verlangst Unmögliches von uns, da zeigt er ihnen: Wenn ihr auf mich vertraut, dann werdet ihr Unglaubliches leisten, weit über eure eigenen Kräfte hinaus. Viele Menschen haben seither diese Erfahrung gemacht: Das Wunder, dass sich unsere Kräfte vermehren, wenn wir sie mit Gottes Hilfe in den Dienst an der Not der anderen stellen.

Was aber Jesus selber noch tiefer mit der Brotvermehrung zeigen wollte, das werden wir an den vier kommenden Sonntagen hören.

18. Sonntag im Jahreskreis

Johannesevangelium 6,24-35

In jener Zeit, als die Leute sahen, dass weder Jesus noch seine Jünger dort waren, stiegen sie in die Boote, fuhren nach Kafarnaum und suchten Jesus. Als sie ihn am anderen Ufer des Sees fanden, fragten sie ihn: Rabbi, wann bist du hierher gekommen? Jesus antwortete ihnen: Amen, amen, ich sage euch: Ihr sucht mich nicht, weil ihr Zeichen gesehen habt, sondern weil ihr von den Broten gegessen habt und satt geworden seid. Müht euch nicht ab für die Speise, die verdirbt, sondern für die Speise, die für das ewige Leben bleibt und die der Menschensohn euch geben wird. Denn ihn hat Gott, der Vater, mit seinem Siegel beglaubigt. Da fragten sie ihn: Was müssen wir tun, um die Werke Gottes zu vollbringen? Jesus antwortete ihnen: Das ist das Werk Gottes, dass ihr an den glaubt, den er gesandt hat. Sie entgegneten ihm: Welches Zeichen tust du, damit wir es sehen und dir glauben? Was tust du? Unsere Väter haben das Manna in der Wüste gegessen, wie es in der Schrift heißt: Brot vom Himmel gab er ihnen zu essen. Jesus sagte zu ihnen: Amen, amen, ich sage euch: Nicht Mose hat euch das Brot vom Himmel gegeben, sondern mein Vater gibt euch das wahre Brot vom Himmel. Denn das Brot, das

18. Sonntag im Jahreskreis

Gott gibt, kommt vom Himmel herab und gibt der Welt das Leben. Da baten sie ihn: Herr, gib uns immer dieses Brot! Jesus antwortete ihnen: Ich bin das Brot des Lebens; wer zu mir kommt, wird nie mehr hungern, und wer an mich glaubt, wird nie mehr Durst haben.

Das Brot der Liebe

Brot wegwerfen – das ist mir bis heute unmöglich. Wer in der Kindheit gelernt hat, dass Brot kostbar ist, dass man Brot einfach nicht wegwirft, der bringt das auch später nicht über sich.

Es ist und bleibt schockierend zu sehen, welche Mengen an Brot und allgemein an Lebensmitteln in unserer heutigen Gesellschaft einfach weggeworfen und vernichtet werden. Darauf kann kein Segen liegen.

Jesus ließ nach der wunderbaren Brotvermehrung, als er mit nur fünf Broten eine Menge von über fünftausend Menschen sättigte, die Brotreste einsammeln. Das ergab zwölf volle Körbe. Was damit geschah, sagt das Evangelium nicht. Sicher aber dürfen wir annehmen: weggeworfen wurden sie nicht. Dazu war Brot einfach zu kostbar.

Jetzt aber spricht Jesus von einem noch kostbareren Brot. Zurück in Kafarnaum, wo Jesus damals seinen Wohnsitz hatte, suchen ihn die Leute. Was zog sie an? Sein Ruf als Wundertäter oder doch etwas Tieferes? Nicht nur Brot für den leiblichen Hunger, sondern Nahrung für den Hunger der Seele?

Es gibt diesen anderen Hunger, und Jesus hat oft davon gesprochen, etwa wenn er sagt: „Der Mensch lebt nicht vom Brot allein, sondern von jedem Wort, das aus Gottes Mund hervorgeht" (Mt 4,4; vgl. Dtn 8,3). Heute fordert er uns auf, wir sollten uns nicht nur um die verderbliche Speise bemühen, sondern um die, die für das ewige Leben bleibt.

Seine Zuhörer begreifen oder ahnen, dass diese nachhaltige Speise, die nicht nur den Leib sondern auch die Seele stärkt, etwas mit dem Willen Gottes zu tun hat. Nur ein Leben im Einklang mit Gott kann den tiefen Hunger der Seele stillen. Und so fragen sie ihn: Was müssen wir tun, damit unser Leben mit Gott übereinstimmt? Die Antwort ist überraschend: Den Hunger der Seele stillt allein der Glaube, nicht irgendein Glaube, etwa an die Macht der Sterne, an ein blindes Schicksal, an verborgene Kräfte, sondern der persönliche Glaube an Jesus Christus.

Verständlich, dass seine Zuhörer das anfangs nicht verstehen. Dass der Glaube an Gott die Seele stärken und trösten kann, haben viele Menschen selber in ihrem Leben erfahren. Aber an Jesus zu glauben, der doch ein Mensch ist, fällt schwer. So verlangen sie ein Zeichen, einen Beweis, dass sie an Jesus glauben sollen. Sie wollen wissen, wieso sie ihm vertrauen sollen. Zu Recht wollen sie nicht blindlings glauben. Das wäre leichtsinnig.

Wieder ist die Antwort Jesu überraschend: „Ich bin das Brot des Lebens." Damit sagt doch Jesus: Von mir könnt ihr leben. Wer mich in sein Leben hinein nimmt, wird feststellen, dass ich den Hunger und den Durst der Seele ganz und gar stillen kann.

Jesus sagt von sich, er sei das wahre Brot, das Gott den Menschen schenkt. Viele können das bestätigen, weil sie es in ihrem Leben erfahren haben. Sie können bezeugen, was Jesus versprochen hat: „Wer zu mir kommt, wird nie mehr hungern." Sie haben bei Jesus gefunden, wonach das Herz am Tiefsten verlangt: sich geliebt zu wissen, sich nicht verurteilt zu fühlen, angenommen zu sein, vertrauen zu können. Sie haben bei Jesus das Lebenswichtigste gefunden: das Brot der Liebe.

19. Sonntag im Jahreskreis

Johannesevangelium 6,41-51

In jener Zeit murrten die Juden gegen Jesus, weil er gesagt hatte: Ich bin das Brot, das vom Himmel herabgekommen ist. Und sie sagten: Ist das nicht Jesus, der Sohn Josefs, dessen Vater und Mutter wir kennen? Wie kann er jetzt sagen: Ich bin vom Himmel herabgekommen? Jesus sagte zu ihnen: Murrt nicht! Niemand kann zu mir kommen, wenn nicht der Vater, der mich gesandt hat, ihn zu mir führt; und ich werde ihn auferwecken am Letzten Tag. Bei den Propheten heißt es: Und alle werden Schüler Gottes sein. Jeder, der auf den Vater hört und seine Lehre annimmt, wird zu mir kommen. Niemand hat den Vater gesehen außer dem, der von Gott ist; nur er hat den Vater gesehen. Amen, amen, ich sage euch: Wer glaubt, hat das ewige Leben. Ich bin das Brot des Lebens. Eure Väter haben in der Wüste das Manna gegessen und sind gestorben. So aber ist es mit dem Brot, das vom Himmel herabkommt: Wenn jemand davon isst, wird er nicht sterben. Ich bin das lebendige Brot, das vom Himmel herabgekommen ist. Wer von diesem Brot isst, wird in Ewigkeit leben. Das Brot, das ich geben werde, ist mein Fleisch, (ich gebe es hin) für das Leben der Welt.

Ja, so ist es!

Das Murren der Leute ist verständlich. Im kleinen Dorf Kafarnaum am See Gennesaret ist einer, der sagt, er sei vom Himmel herabgekommen. Vielleicht glaubten die Menschen damals, vor zweitausend Jahren, leichter an Wunder als heute. Immerhin hatten sie ja auch ein kräftiges Wunder erlebt: an einem abgelegenen Ort hatte Jesus die riesige Menge mit nur fünf Broten und zwei Fischen gesättigt, und das so überreich, dass noch zwölf Körbe an Brotresten übrig geblieben waren. Das Wunder ist so glaubwürdig von allen vier Evangelien bezeugt, dass ich keinen ernsthaften Grund sehe, daran zu zweifeln. Die Zeitgenossen Jesu haben sicher nicht daran gezweifelt, denn in ihrer Begeisterung über dieses Wunder wollten sie Jesus gleich zu ihrem König ausrufen und ihn so zum Anführer der ersehnten Befreiung von den Römern machen.

Jesus aber hat eine andere Absicht. Sein Auftrag ist nicht die politische Befreiung. Er will nicht nur das Brot für den leiblichen Hunger geben, so sehr ihm daran liegt, dass die Menschen, die zu ihm kommen, nicht hungrig weggehen müssen.

Er weiß, von einer anderen Nahrung, die nicht vom Erdboden, sondern „vom Himmel", von Gott kommt. Das ist auch noch verständlich: Wir brauchen auch geistige, seelische Nahrung. Das tägliche Brot ist notwendig, aber nicht ausreichend. Wenn die Liebe, der Sinn des Lebens, die Hoffnung fehlen, geht der Mensch seelisch zugrunde.

Nicht deswegen protestierten die Leute in Kafarnaum, sondern weil Jesus sagt, er selbst sei dieses „Brot vom Himmel". Er sei „das Brot des Lebens". Jesus sagt also von sich, dass er die Nahrung sei, die der Mensch brauche, um nicht seelisch zu verkümmern. Wie kann ein Mensch von sich sagen, er sei gewissermaßen „lebensnotwendig"? Hat das nicht schon zu manchen schlimmen Irrwegen geführt? Manche erinnern sich noch wie das ausgesehen hat, als Adolf Hitler von sich behauptet hat, er bringe das Heil und als er sich so grüßen ließ. Zu Recht wird vor Gurus und Sektenführern gewarnt, die sich als Heilsbringer verehren lassen.

„Jesus ist doch auch nur ein Mensch", so reagieren seine Zuhörer. „Wir kennen ihn, wir wissen, wer seine Eltern sind." Diese kritische Haltung ist vernünftig. Man will nicht einem Sektierer auf den Leim gehen, denn an solchen selbsternannten Heilsboten fehlte es damals ebenso wenig wie heute.

Jesus verurteilt diese skeptische Zurückhaltung nicht von vornherein. Er sagt vielmehr: Zu mir kommen, an mich glauben, das ist nur möglich, wenn Gott jemanden in seinem Herzen zu mir hinführt. Glauben ist ein Geschenk. An Jesus zu glauben, das geht über unseren Verstand hinaus. Aber es ist nicht unsinnig und unvernünftig. Wer es erfahren hat, kann es bezeugen.

In meinem Urlaub bin ich einem Ehepaar begegnet, die beide in einem Wallfahrtsort eine innere Bekehrung erlebt haben. Sie waren vorher so genannte „Fernstehende", nicht ungläubig, aber eher auf Abstand. Sie haben erfahren, was Jesus in diesem Evangelium sagt: dass Jesus für sie ganz neu zum „Lebensbrot" geworden ist. Sein Wort, sein Vorbild, die Gemeinschaft mit ihm haben ihrem Leben einen neuen Sinn gegeben, eine bisher nicht gekannte Freude. Heute können sie sagen: Ja, so ist es wirklich!

20. Sonntag im Jahreskreis

Johannesevangelium 6,51-58

In jener Zeit sprach Jesus zu der Menge: Ich bin das lebendige Brot, das vom Himmel herabgekommen ist. Wer von diesem Brot isst, wird in Ewigkeit leben. Das Brot, das ich geben werde, ist mein Fleisch, (ich gebe es hin) für das Leben der Welt. Da stritten sich die Juden und sagten: Wie kann er uns sein Fleisch zu essen geben? Jesus sagte zu ihnen: Amen, amen, das sage ich euch: Wenn ihr das Fleisch des Menschensohnes nicht esst und sein Blut nicht trinkt, habt ihr das Leben nicht in euch. Wer mein Fleisch isst und mein Blut trinkt, hat das ewige Leben, und ich werde ihn auferwecken am Letzten Tag. Denn mein Fleisch ist wirklich eine Speise, und mein Blut ist wirklich ein Trank. Wer mein Fleisch isst und mein Blut trinkt, der bleibt in mir, und ich bleibe in ihm. Wie mich der lebendige Vater gesandt hat und wie ich durch den Vater lebe, so wird jeder, der mich isst, durch mich leben. Dies ist das Brot, das vom Himmel herabgekommen ist. Mit ihm ist es nicht wie mit dem Brot, das die Väter gegessen haben; sie sind gestorben. Wer aber dieses Brot isst, wird leben in Ewigkeit.

Unannehmbar?

Noch vor kurzem hat Jesus seine Jünger „zurückgepfiffen", die die Leute wegschicken wollten, damit sie sich in den umliegenden Dörfern Brot zum Essen kaufen gehen. „Ihr braucht die Leute nicht wegzuschicken, gebt ihr selber Ihnen zu essen", hatte er sie aufgefordert. Und als die Apostel das nicht zustande brachten, hat Jesus die Brote vermehrt und alle satt gemacht. Kein Wunder, dass die Begeisterung für Jesus groß war.

Was aber Jesus in seiner Predigt in Kafarnaum tut, bewirkt genau das Gegenteil. Jetzt vertreibt er selber die Leute, und je länger er redet, desto schlimmer wird es.

Er spricht zuerst von einem anderen Brot, das den Hunger der Seele stillt. Dann erklärt er, dass er selber dieses Brot ist. Er sagt, er sei vom Himmel gekommen, er sei das „Brot vom Himmel", und wer dieses Brot esse, werde ewig leben.

Schon das war schwer annehmbar: Ein Mensch, dessen Familie und Herkunft bekannt waren, soll vom Himmel stammen? Schlimmer wird es, als Jesus noch weitergeht, seine Aussagen nicht abschwächt, sondern verstärkt: Das Brot, das er gibt und das er selber ist, sei sein eigenes Fleisch.

Man versuche sich vorzustellen, wie solche Worte auf seine Zuhörer wirken mussten. Kein Wunder, dass sie Streit und Widerspruch auslösten. Aber statt zu beschwichtigen, beruhigende Erklärungen zu geben, verschärft Jesus seine Aussagen. Es klingt wie eine Provokation, wie eine unerträgliche Herausforderung, als er nachdrücklich festhält: „Wer mein Fleisch isst und mein Blut trinkt, der bleibt in mir und ich bleibe in ihm." Damit kein Zweifel bestehen kann, fügt er hinzu: Wenn ihr das nicht tut, „habt ihr das Leben nicht in euch“.

Man müsse also sein Fleisch essen und sein Blut trinken, um zu leben, um ewiges Leben zu gewinnen. Und dazu gebraucht Jesus zudem die Worte, die für das wirkliche Essen (mit den Zähnen kauen) und das echte Trinken verwendet werden.

Jesu Rede hat „fortlaufenden Erfolg“: Immer mehr Menschen wenden sich von ihm ab, gehen fort und bleiben weg. Warum tut er das? Warum überfordert er die Menschen? Oder geht es ihm darum, dieses tiefste und schwierigste Geheimnis seines Lebens uns nicht vorzuenthalten? Vielleicht will er uns etwas so Kostbares anvertrauen, dass er es riskiert, zu schockieren?

Was ist dieses Geheimnis? Dass Jesus nicht nur eine Lehre weitergeben will, sondern ein Leben, Sein Leben, Sich selber. Er will, dass Gottes Leben, das in ihm ist, auch unser Leben wird, ganz wirklich, wie die Nahrung, die wir uns einverleiben. „Iss mich, trink mich! Lebe von mir, wie ich in dir lebe“: Ist das so unverständlich?

Und wenn es doch wahr wäre? Wenn Gott uns Menschen so nahe sein wollte, dass er uns selber Nahrung wird? Wie ein Kind im Mutterschoß ganz aus seiner Mutter lebt, von ihr alles zum Leben und Wachsen Nötige erhält, so lebt Jesus ganz aus seiner „Gottinnigkeit“. Und so will er auch, dass wir aus ihm leben: „Wer mich isst, wird durch mich leben.“ Ist das so unannehmbar?

21. Sonntag im Jahreskreis

Johannesevangelium 6,60-69

In jener Zeit sagten viele der Jünger, die ihm zuhörten: Was er sagt, ist unerträglich. Wer kann das anhören? Jesus erkannte, dass seine Jünger darüber murrten, und fragte sie: Daran nehmt ihr Anstoß? Was werdet ihr sagen, wenn ihr den Menschensohn hinaufsteigen seht, dorthin, wo er vorher war? Der Geist ist es, der lebendig macht; das Fleisch nützt nichts. Die Worte, die ich zu euch gesprochen habe, sind Geist und sind Leben. Aber es gibt unter euch einige, die nicht glauben. Jesus wusste nämlich von Anfang an, welche es waren, die nicht glaubten, und wer ihn verraten würde. Und er sagte: Deshalb habe ich zu euch gesagt: Niemand kann zu mir kommen, wenn es ihm nicht vom Vater gegeben ist. Daraufhin zogen sich viele Jünger zurück und wanderten nicht mehr mit ihm umher. Da fragte Jesus die Zwölf: Wollt auch ihr weggehen? Simon Petrus antwortete ihm: Herr, zu wem sollen wir gehen? Du hast Worte des ewigen Lebens. Wir sind zum Glauben gekommen und haben erkannt: Du bist der Heilige Gottes.

Wollt auch ihr gehen?

Damals gingen viele weg, nicht nur von den „Fernstehenden", sondern auch aus dem engsten Kreis. Damals sagten viele seiner Jünger, die Jesus zuhörten: „Was er sagt, ist unerträglich: Wer kann das anhören?" Viele seiner Jünger hörten damals auf, mit ihm zu gehen.

War das nur damals so? Eigenartige Wende. Noch wenige Tage zuvor waren Tausende gekommen, angezogen vom Ruf, der Jesus voraus ging: Er heilt Kranke, befreit Besessene, wirkt Wunder, vielleicht bringt er sogar die Befreiung vom Joch der römischen Besatzung. So schnell die Hoffnung aufgeflammt war, so schnell ist sie wieder erloschen. Enttäuscht gehen sie weg. Sie halten seine Worte für unannehmbar, ja unerträglich: Sein Fleisch sollen sie essen, sein Blut trinken? Wahnsinnige Worte! „Wer kann das anhören?"

Warum dieser Umschwung? Zuerst Begeisterung – sie wollen ihn sogar zum König machen –, dann völlige Ablehnung; wütende Abwendung, die bis zum „Ans Kreuz mit ihm!" gehen wird. Wieso kam es zu diesem Stimmungsumschwung?

In meiner Kinderzeit waren die Kirchen brechend voll. Heute sind es am Sonntag oft nicht mehr als eine Handvoll, die zum Gottesdienst kommen. Warum dieser Umschwung? Wer ist schuld daran?

Liegt es an „der Kirche", dass sie nicht (mehr) anziehend ist? Liegt es an der Zeit, an den geänderten Lebensumständen? Oder liegt es an Jesus selbst? Interessieren seine Worte und sein Angebot nicht mehr? Sind sie unserer Zeit fremd geworden? Vielleicht sogar unerträglich? Wenden sich viele ab, weil sie mit seiner Lehre nichts mehr anfangen können?

Gehen viele nicht mehr mit, weil sie an Ihm Anstoß nehmen?

Diese Fragen bewegen mich, wenn ich lese, wie es Jesus damals in Kafarnaum ging. Wiederholt sich das vielleicht heute? Eines ist sicher: Damals wie heute achtet Jesus völlig unsere Freiheit. In der Kirche hat es immer wieder Zwang gegeben, bei Jesus sicher nicht. „Wollt auch ihr weggehen?“ Jesus stellt diese Frage bis heute – und die Antwort kann nur aus freiem Herzen kommen.

Damals gab Petrus die Antwort. Sie berührt wegen ihrer Ehrlichkeit: „Herr, zu wem sollen wir gehen?“ Das klingt vielleicht nicht sehr schmeichelhaft, aber es kommt von Herzen: Wir wissen nicht, wohin wir gehen sollten, an wen wir uns wenden sollten: „Du hast Worte des ewigen Lebens.“

Sagt da Petrus nicht etwas, das auch heute zu Herzen geht? „Ich verstehe zwar vieles von dem, was du sagst, nicht oder noch nicht. Was das heißt, dass wir dein Fleisch essen und dein Blut trinken sollen, das ist mir schwer begreiflich. Trotzdem will und kann ich nicht von dir weglaufen. Denn nie sind wir jemandem begegnet wie dir. Nie hat einer so zu uns gesprochen wie du. Auch wenn ich vieles nicht verstehe, was du tust und sagst, eines habe ich wirklich erfasst: Du bist der Heilige Gottes.“

Du und kein anderer! Das war die Erfahrung, die Petrus und einige andere bewog, bei Jesus zu bleiben. Sie haben an ihn geglaubt, ihm vertraut, sie haben ihn geliebt. Bis heute geht es um diese Entscheidung. Die sich entschlossen haben, bei ihm zu bleiben, haben es nicht bereut.

22. Sonntag im Jahreskreis

Markusevangelium 7,1-8.14-15.21-23

In jener Zeit hielten sich die Pharisäer und einige Schriftgelehrte, die aus Jerusalem gekommen waren, bei Jesus auf. Sie sahen, dass einige seiner Jünger ihr Brot mit unreinen, das heißt mit ungewaschenen Händen aßen. Die Pharisäer essen nämlich wie alle Juden nur, wenn sie vorher mit einer Hand voll Wasser die Hände gewaschen haben, wie es die Überlieferung der Alten vorschreibt. Auch wenn sie vom Markt kommen, essen sie nicht, ohne sich vorher zu waschen. Noch viele andere überlieferte Vorschriften halten sie ein, wie das Abspülen von Bechern, Krügen und Kesseln. Die Pharisäer und die Schriftgelehrten fragten ihn also: Warum halten sich deine Jünger nicht an die Überlieferung der Alten, sondern essen ihr Brot mit unreinen Händen? Er antwortete ihnen: Der Prophet Jesaja hatte Recht mit dem, was er über euch Heuchler sagte: Dieses Volk ehrt mich mit den Lippen, sein Herz aber ist weit weg von mir. Es ist sinnlos, wie sie mich verehren; was sie lehren, sind Satzungen von Menschen. Ihr gebt Gottes Gebot preis und haltet euch an die Überlieferung der Menschen. Dann rief er die Leute wieder zu sich und sagte: Hört mir alle zu und begreift, was

22. Sonntag im Jahreskreis

ich sage: Nichts, was von außen in den Menschen hineinkommt, kann ihn unrein machen, sondern was aus dem Menschen herauskommt, das macht ihn unrein. Denn von innen, aus dem Herzen der Menschen, kommen die bösen Gedanken, Unzucht, Diebstahl, Mord, Ehebruch, Habgier, Bosheit, Hinterlist, Ausschweifung, Neid, Verleumdung, Hochmut und Unvernunft. All dieses Böse kommt von innen und macht den Menschen unrein.

Was aus dem Herzen kommt

„Vor dem Essen Hände waschen!“ Wie oft habe ich das als Kind gehört. Wenn ich damals schon dieses Evangelium gekannt hätte, wäre mir sicher als vorlaute Antwort den Eltern gegenüber herausgerutscht: „Aber die Jünger Jesu haben sich doch vor dem Essen auch nicht die Hände gewaschen.“

Warum haben sie das nicht getan? Aus Schlamperei, aus Bequemlichkeit, als Protest gegen die vorgeschriebenen Sitten? Aus diesen Gründen haben wir als Kinder, als Jugendliche, das übliche Händewaschen vor dem Essen unterlassen, wissend, dass die Eltern uns deshalb zurechtweisen werden.

War Jesus ein Protestierer? Hat er seine Jünger angeleitet, gegen die Anstandsregeln seiner Zeit zu rebellieren? Auf den ersten Blick mag es so scheinen. Was ist denn dabei, sich die Hände zu waschen, wenn man vom staubigen, schmutzigen Markt kommt? Es ist doch sinnvoll, sich zu reinigen, ehe man bei den Speisen zugreift. Und das Abspülen des Ess- und Kochgeschirrs ist doch eine vernünftige Hygienevorschrift.

In diesem Streit ging es aber um mehr als um Gesundheitsregeln. Alle diese Reinigungen hatten auch religiösen Charakter. Schmutzige Hände machen den Menschen unrein, so sagen die alten Bestimmungen des jüdischen Gesetzes.

Wer diese Waschungen nicht vornimmt, ist nicht zum Gebet, zum Gottesdienst bereit, so lehren die Alten.

Dagegen protestiert Jesus, nicht gegen das Händewaschen und das Geschirrspülen. Vor Gott ist nicht unrein, wer unsaubere Hände hat, sondern wer im Herzen voller Hass ist.

„Hört mir alle zu und begreift, was ich sage." Es geht Jesus um etwas ganz Wichtiges, das er allen Menschen sagen will: Alles äußere Tun ist leer und verlogen, wenn es nicht aus dem Herzen kommt. Nicht wer fromm tut, ist Gott gefällig, sondern wer von Herzen gut ist. Was nützen alle äußerlichen Übungen, wenn sie innerlich hohl sind?

Heuchelei nennt Jesus ein solches Tun. Nichts hat er so sehr bekämpft wie diese. Denn vor Gott zählt nicht der Schein, sondern das Sein, nicht was einer darstellt, sondern was einer wirklich ist. Das Echte hat Jesus immer geliebt und gelobt.

Was also sollen wir begreifen? Dass das Böse von innen kommt, aus dem Herzen. Dorther kommen die bösen Gedanken, die dann zu schlechten Taten führen. Nicht weniger als dreizehn Übel nennt Jesus, die alle aus dem bösen Herzen kommen. Das Herz gilt es zu reinigen, sein Unrat ist viel schlimmer als schmutzige Hände und Töpfe.

Zwei grundsätzliche Gedanken: Es stimmt, dass alles Böse aus dem Herzen kommt. Aber es kann auch zuvor ins Herz hineingelassen werden. Wie viel Böses kommt durch üble Nachrede und gemeinen Tratsch in unser Herz herein – wenn wir es aufnehmen. Wie viele üble Bilder können sich in unserer Seele festsetzen durch Videos, Internet, Fernsehen. Sie können das Herz allmählich vergiften: Das ist heute eine neue Gefährdung des Herzens.

Aus dem Herzen also kommt all das Böse. Aber auch all das Gute: Gedanken und Taten der Liebe, Güte und Verständnis, und vor allem die Barmherzigkeit, die keiner so sehr schenkt wie Jesus. Denn in seinem Herzen ist nichts Falsches und Geheucheltes. Darauf kommt es an, nicht aufs Händewaschen.

23. Sonntag im Jahreskreis

Markusevangelium 7,31-37

In jener Zeit verließ Jesus das Gebiet von Tyrus wieder und kam über Sidon an den See von Galiläa, mitten in das Gebiet der Dekapolis. Da brachte man einen Taubstummen zu Jesus und bat ihn, er möge ihn berühren. Er nahm ihn beiseite, von der Menge weg, legte ihm die Finger in die Ohren und berührte dann die Zunge des Mannes mit Speichel; danach blickte er zum Himmel auf, seufzte und sagte zu dem Taubstummen: Effata!, das heißt: Öffne dich! Sogleich öffneten sich seine Ohren, seine Zunge wurde von ihrer Fessel befreit, und er konnte richtig reden. Jesus verbot ihnen, jemand davon zu erzählen. Doch je mehr er es ihnen verbot, desto mehr machten sie es bekannt. Außer sich vor Staunen sagten sie: Er hat alles gut gemacht; er macht, dass die Tauben hören und die Stummen sprechen.

Öffne dich!

Nicht Hören und nicht Sprechen können – wem beides gegeben ist, der kann sich schwer vorstellen, was das bedeutet. Keine Musik hören können, kein Rauschen der Brandung, keine Vogelstimmen, nichts von all den Geräuschen des Alltags, die manchmal belasten, die aber doch zum Leben gehören – all das muss schwer zu tragen sein. Und wenn zur Taubheit noch das Stummsein kommt, kein Wort hören, auch kein Wort sagen können, dann muss das Leid noch viel größer sein. Erst wenn wir daran denken, wenn wir Taubstummen begegnen, geht uns auf, wie kostbar es ist, Ohren und Mund, Gehör und Sprache gebrauchen zu können. Vielleicht wird uns bewusst, wie oft sie missbraucht werden, etwa indem wir unser Ohr allerlei Tratsch und bösem Gerede leihen, oder gar es mit dem eigenen Mund verbreiten.

Großartiges ist heute möglich, um Taubstummen eine bessere Verbindung zu ihren Mitmenschen zu ermöglichen und wird von den Betroffenen selber geleistet. Ich sah neulich am Flughafen eine ganze Gruppe taubstummer Menschen, die mit Hilfe ihrer Zeichensprache ein angeregtes Gespräch führten.

Zur Zeit Jesu war das Los der Taubstummen noch schwerer. Einen bringt man zu Jesus. Die Leute haben Mitleid mit ihm und hoffen, dass Jesus das Unmögliche schafft, ihm zu helfen, ja ihn zu heilen.

Das Vertrauen dieser Leute muss groß gewesen sein. Sie waren wohl Heiden, keine Juden, denn das Gebiet der Dekapolis war (und ist auch heute) außerhalb Israels. Ein echtes und starkes Mitleid mit dem Behinderten bewegt sie zu diesem vertrauensvollen Schritt.

Jesus ist bereit, ihm zu helfen. Aber nicht vor der neugierigen Menge. Es soll kein Spektakel werden. So geht er behutsam mit ihm beiseite, er mit ihm alleine. Seine Gesten sind schlicht und verständlich. Er berührt was behindert ist und zeigt damit, wie sehr Ihn das Leid des Behinderten berührt. Sein Seufzen ist eine wortlose Bitte an den Himmel, an Gott, Seinen Vater. Mit Seiner göttlichen Macht spricht Er das lösende, befreiende Wort: „Öffne dich!" Die Ohren öffnen sich, die Zunge legt die Fesseln ab, der Mann kann richtig hören und reden.

Was damals so staunenswert mit einem Taubstummen geschah, ist ein Zeichen für alle. Schlimmer als das körperliche Taubsein ist das des Herzens, wenn wir vor lauter Lärm und Getöse des Alltags oder des Egoismus, die Stimme des Anderen nicht mehr wahrnehmen, wenn wir taub werden für das, was Gott uns durch Sein Wort und durch andere Menschen sagen will.

Schlimmer als das leibliche Stummsein ist das Verstummen der Liebe untereinander, wenn man sich kalt anschweigt oder wenn Bitterkeit, Enttäuschungen, Verletzungen den Mund verschließen, kein gutes Wort mehr aufkommen lassen.

Wenn wir das merken, wenn das bei uns geschieht, dann sollen wir einander zu Jesus bringen, damit er uns berührt. Dann kann das noch größere Wunder geschehen, dass Er uns neu Ohren und Mund öffnet, dass wir wieder aufeinander hören und miteinander zu reden beginnen, dass Gott uns neu zu Herzen spricht, unsere tauben und stummen Herzen öffnet. „Er hat alles gut gemacht", können dann auch wir dankbar und staunend sagen.

24. Sonntag im Jahreskreis

Markusevangelium 8,27-35

In jener Zeit ging Jesus mit seinen Jüngern in die Dörfer bei Cäsarea Philippi. Unterwegs fragte er die Jünger: Für wen halten mich die Menschen? Sie sagten zu ihm: Einige für Johannes den Täufer, andere für Elija, wieder andere für sonst einen von den Propheten. Da fragte er sie: Ihr aber, für wen haltet ihr mich? Simon Petrus antwortete ihm: Du bist der Messias! Doch er verbot ihnen, mit jemand über ihn zu sprechen. Dann begann er, sie darüber zu belehren, der Menschensohn müsse vieles erleiden und von den Ältesten, den Hohenpriestern und den Schriftgelehrten verworfen werden; er werde getötet, aber nach drei Tagen werde er auferstehen. Und er redete ganz offen darüber. Da nahm ihn Petrus beiseite und machte ihm Vorwürfe. Jesus wandte sich um, sah seine Jünger an und wies Petrus mit den Worten zurecht: Weg mit dir, Satan, geh mir aus den Augen! Denn du hast nicht das im Sinn, was Gott will, sondern was die Menschen wollen. Er rief die Volksmenge und seine Jünger zu sich und sagte: Wer mein Jünger sein will, der verleugne sich selbst, nehme sein Kreuz auf sich und folge mir nach. Denn wer sein Leben retten will, wird es verlieren; wer aber sein Leben um meinetwillen und um des Evangeliums willen verliert, wird es retten.

Der gekreuzigte Messias

Der heilige Markus zielt in seinem Evangelium im Grunde nur auf Eines ab: Seine Hörer und Leser dazu zu bewegen, Jesus als den zu erkennen und zu bekennen, als den er ihn im ersten Satz seines Evangeliums bezeichnet: „Jesus, der Christus (Messias), der Sohn Gottes."

Und tatsächlich hat sein Evangelium zwei Hälften. Am Ende der ersten, im heutigen Evangelium, bekennt Petrus Jesus als den Messias, den Gesalbten, den Christus. Am Ende der zweiten Hälfte steht das Bekenntnis des römischen (heidnischen) Hauptmanns: „Wahrhaftig, dieser Mensch war Gottes Sohn" (Mk 15,39).

Der Weg zu diesem doppelten, eng zusammengehörigen Bekenntnis geht durch manche Prüfungen und wird unter dem Kreuz seine letzte Bewährung erfahren.

Die jüdische Hoffnung galt (und gilt immer noch) dem Kommen des Messias. Dann wird alles gut werden. Er wird endlich die Befreiung bringen. In seiner Zeit wird Frieden sein, Wohlergehen auch auf Erden, nicht erst im fernen Himmel.

Für die Jünger Jesu muss diese Frage von Anfang an ausgesprochen oder unausgesprochen in der Mitte ihrer Erwartungen und Hoffnungen gestanden haben. Natürlich haben sie sich (zumindest im Herzen) gefragt, ob Jesus der verheißene Messias sei oder nicht. Und gehofft, dass er es ist.

So traf sie wohl Jesu Frage nicht völlig unerwartet: „Für wen halten mich die Menschen?" Die Apostel, die die Ohren beim Volk hatten, konnten gleich antworten: für einen Propheten! So ist es bis heute geblieben. Viele sehen in Jesus nicht mehr (und nicht weniger) als einen Propheten. Sein innerstes Geheimnis scheint heute im Bewusstsein vieler zu verblassen. Dass er Gottes Sohn ist, dass in ihm alle Hoffnungen der Menschen erfüllt sind, das zu glauben fällt vielen schwer. Da ist es schon leichter, ihn neben Buddha, Moses, Mohammed für einen der großen Propheten der Menschheitsgeschichte zu halten.

„Ihr aber, für wen haltet ihr mich?" Die Frage ist ganz direkt und persönlich. Nicht was „man" sagt, was „die Leute" meinen, sondern ihr persönlich. Bis heute steht diese Frage plötzlich da in unserem Leben: Wer bin ich, Jesus, für dich? Gibst du mir deine ganz persönliche Antwort?

Petrus gibt sie, ohne zu zögern, kurz und klar: „Du bist der Messias, der Christus." Das ist nicht nur eine neutrale Feststellung. Das ist, fast möchte ich sagen, eine Liebeserklärung. Es ist ein Glaubensbekenntnis, das zum Ausdruck der persönlichen Treue wird, ein Wort voller Hoffnung: Du bist der Langersehnte, du unsere Erwartung seit Generationen.

Kaum hat Petrus – sicher auch für die anderen Apostel – das ausgesprochen, da zieht Jesus „die Notbremse": Redet ja mit niemandem darüber! Warum dieses Verbot, etwas so Freudiges laut hinaus zu rufen? Weil so viele Missverständnisse lauern. Weil so falsche Hoffnungen auf den Messias gesetzt werden. Weil sein Kommen vor allem mit politischen Erwartungen verknüpft wird.

Wie sehr gerade Petrus selber noch lernen muss, zu verstehen, wie Jesus „der Messias" ist, zeigt sich gleich, als Jesus beginnt, „ganz offen" über sein bevorstehendes Leiden zu sprechen. Der Messias soll leiden statt zu befreien? Das kann Petrus niemals zulassen. Nie muss er eine so scharfe Abfuhr erleben: „Hinter mich, Satan!" (So heißt es wörtlich übersetzt.) Nur wenn du mir auf dem Weg zum Kreuz folgst, wirst du verstehen, auf welchem Weg der Messias sein Werk der Befreiung wirkt: nicht durch die Macht der Waffen, sondern durch die Ohnmacht der Liebe. Ihr kann auch der Tod nichts anhaben, denn „nach drei Tagen wird er auferstehen“. Dann dürft und sollt ihr allen Menschen sagen: Jesus ist der Messias, der Sohn Gottes!

25. Sonntag im Jahreskreis

Markusevangelium 9,30-37

In jener Zeit zogen Jesus und seine Jünger durch Galiläa. Jesus wollte aber nicht, dass jemand davon erfuhr; denn er wollte seine Jünger über etwas belehren. Er sagte zu ihnen: Der Menschensohn wird den Menschen ausgeliefert und sie werden ihn töten; doch drei Tage nach seinem Tod wird er auferstehen. Aber sie verstanden den Sinn seiner Worte nicht, scheuten sich jedoch, ihn zu fragen. Sie kamen nach Kafarnaum. Als er dann im Haus war, fragte er sie: Worüber habt ihr unterwegs gesprochen? Sie schwiegen, denn sie hatten unterwegs miteinander darüber gesprochen, wer (von ihnen) der Größte sei. Da setzte er sich, rief die Zwölf und sagte zu ihnen: Wer der Erste sein will, soll der Letzte von allen und der Diener aller sein. Und er stellte ein Kind in ihre Mitte, nahm es in seine Arme und sagte zu ihnen: Wer ein solches Kind um meinetwillen aufnimmt, der nimmt mich auf; wer aber mich aufnimmt, der nimmt nicht nur mich auf, sondern den, der mich gesandt hat.

Kind in der Mitte

Bewundernswert diese Ehrlichkeit der Apostel! „Worüber habt ihr unterwegs gesprochen?"

Auf diese Frage Jesu schweigen Sie. Verständlich, denn sie schämen sich, zuzugeben, was das Thema ihrer Diskussionen auf dem Weg waren. Sie haben das getan, was bis heute ständig geschieht, auch in der Kirche, unter Christen: „Sie hatten unterwegs miteinander darüber gesprochen, wer von ihnen der Größte sei."

Wer ist der Größte, Beste, Erfolgreichste? Wie oft geht es vor allem um das! Und wie oft versuchen wir, uns dabei nach oben zu drängen, und die anderen entsprechend nach unten zu drücken. Wie oft versuchen wir, bewusst oder unbewusst, uns ins gute Licht zu stellen und die anderen in den Schatten.

Bewundernswert ist die Ehrlichkeit, mit der die Apostel zugeben, dass sie da leider keine Ausnahme gemacht haben.

Für mich ist das einer der stärksten Gründe, die für die historische Glaubwürdigkeit und Zuverlässigkeit der Evangelien sprechen.

Sie bieten keine „geschönte" Geschichte. Sie zeigen Menschen aus Fleisch und Blut. Aber sie bleiben nicht dabei stehen, sondern sie weisen Wege, wie wir aus der alten Selbstbezogenheit herausfinden, wie wir die im Grunde dumme Haltung des „ich bin der Größte und Beste" überwinden können.

Genau das ist die Situation im heutigen Evangelium. Jesus ist mit seinen Jüngern unterwegs, abseits von den Menschenmengen, denn er will ihnen Wichtiges persönlich verständlich machen.

Anfangs ist ihnen freilich völlig unverständlich, was er ihnen zu sagen hat. Denn er spricht von bevorstehendem schlimmen Leid, von seinem gewaltsamen Tod, und auch davon, dass er nicht im Tod bleiben, sondern auferstehen werde.

Statt Jesus zu fragen, was das alles bedeutet, trauen sie sich nicht. Vielleicht wollen sie es noch nicht verstehen, denn dann müssten sie ja ihre Einstellung und ihr Leben ändern. Lieber bleiben sie bei ihren Machtspielen, vorerst noch... Später haben sie es doch begriffen und sind alle den Weg Jesu gegangen, bis zur Bereitschaft, ihr Leben ganz für Ihn und für die Menschen einzusetzen.

Denn darauf kommt es an, das will Jesus ihnen klarmachen, das hat er selber bis zur letzten Konsequenz vorgelebt: Groß ist nicht, wer sich wichtig macht und nach oben rudert, sondern wer zu dienen weiß. Das sieht aufs Erste ganz unmöglich aus.

Unter uns Menschen herrscht doch weitgehend das Gesetz des Stärkeren vor. Wer etwas werden will, muss sich durchsetzen. Wer Erfolg will, braucht Ellbogen. Aber stimmt das wirklich?

Ist nicht der beste Chef der, dem seine Mitarbeiter ein wirkliches Anliegen sind? Ist nicht der Betrieb erfolgreicher, in dem ein gutes, starkes Miteinander herrscht und nicht eine alle Freude und allen Schwung lähmende „Hackordnung“? Sind nicht die Eltern die wirklich geliebten (und erfolgreichen), die nicht nur um sich selber und ihren Erfolg kreisen, sondern die mit ihren Kindern gemeinsam den Weg gehen?

Jesus weist den Weg heraus aus der eigenen Wichtigtuerei. Er stellt ein Kind in die Mitte und umarmt es, als wollte er uns sagen: Vergesst eure eigene Wichtigkeit, schaut die

Kinder an, werdet einfacher, unkomplizierter! Nehmt einander an wie ich dieses Kind in die Arme nahm! Vielleicht sollten wir unterwegs miteinander darüber reden, und nicht, wer denn der Größte sei.

26. Sonntag im Jahreskreis

Markusevangelium 9,38-43.45.47-48

In jener Zeit sagte Johannes, einer der Zwölf, zu Jesus: Meister, wir haben gesehen, wie jemand in deinem Namen Dämonen austrieb; und wir versuchten, ihn daran zu hindern, weil er uns nicht nachfolgt. Jesus erwiderte: Hindert ihn nicht! Keiner, der in meinem Namen Wunder tut, kann so leicht schlecht von mir reden. Denn wer nicht gegen uns ist, der ist für uns. Wer euch auch nur einen Becher Wasser zu trinken gibt, weil ihr zu Christus gehört – amen, ich sage euch: er wird nicht um seinen Lohn kommen. Wer einen von diesen Kleinen, die an mich glauben, zum Bösen verführt, für den wäre es besser, wenn er mit einem Mühlstein um den Hals ins Meer geworfen würde. Wenn dich deine Hand zum Bösen verführt, dann hau sie ab; es ist besser für dich, verstümmelt in das Leben zu gelangen, als mit zwei Händen in die Hölle zu kommen, in das nie erlöschende Feuer. Und wenn dich dein Fuß zum Bösen verführt, dann hau ihn ab; es ist besser für dich, verstümmelt in das Leben zu gelangen, als mit zwei Füßen in die Hölle geworfen zu werden. Und wenn dich dein Auge zum Bösen verführt, dann reiß es aus; es ist besser für dich, einäugig in das Reich

26. Sonntag im Jahreskreis

Gottes zu kommen, als mit zwei Augen in die Hölle geworfen zu werden, wo ihr Wurm nicht stirbt und das Feuer nicht erlischt.

Kampf und Toleranz

Ein schwieriges Evangelium, scheinbar widersprüchlich. Am Anfang weitherzig und tolerant, dann radikal, fast fanatisch streng. Wenn wir in den Worten Jesu solchen Gegensätzen begegnen, dann heißt das, dass der Meister uns aufwecken will. Um uns wachzurütteln, greift er zu kräftigen Bildern, zu harten Worten, an denen wir nicht vorbeikommen ohne davon erschüttert zu sein. Versuchen wir, wach hinzuschauen und zu hören, was uns selber an diesen Worten betrifft.

Der erste Teil spricht von der Offenheit und Toleranz, der zweite von dem, was unerträglich ist und daher mit aller Kraft bekämpft werden muss.

Ein Apostel, der gute Johannes, regt sich darüber auf, dass da jemand im Namen Jesu Gutes tut, ohne „zu uns" zu gehören, „mit uns" zu gehen, ohne „einer der Unsrigen" zu sein. Verbieten will er es ihm, ihn daran hindern. Jesus tadelt eine solche Einstellung, ja er lehnt sie ab.

Das sollen seine Jünger, die Christen, nie vergessen: Es gibt auch außerhalb ihres Kreises viel Gutes. Die Kirchengrenzen sind nicht die Grenzen Jesu. So viel an Hilfsbereitschaft, an Güte, an Nächstenliebe findet man auch außerhalb der Kirchengemeinschaft. Und wo immer Gutes getan wird, da sind Menschen Jesus nahe, und Er ihnen. Selbst wenn sie nur einem Durstigen ein einfaches Glas Wasser gereicht haben, wird Gott es ihnen lohnen.

Nicht das Gute sollt ihr behindern, sondern gegenüber dem Bösen sollt ihr hart sein, unerbittlich, vor allem gegenüber dem Bösen in euch selber. Hier hört die Toleranz Jesu auf. Kaum einmal hat er so scharfe Worte gesprochen wie hier. Das Wort vom Mühlstein um den Hals zeigt an, was in den Augen Jesu wirklich unerträglich ist, wo „Null Toleranz" angesagt ist. Besser weg mit Hand, Fuß, Auge, als dem Bösen nachgeben. Besser mit einem Auge, einem Fuß, einer Hand gerettet werden, als mit beiden für immer zugrunde gehen.

Unerträglich ist für Jesus die Verführung zum Bösen. Zu Recht empört es uns heute, wenn wir sehen, wie junge Menschen zur Droge verführt werden. Zu Recht wird Kindesmissbrauch, wo immer er vorkommt, scharf verurteilt. Darin besteht große Einigkeit. Aber zum Bösen verführen kann noch viele andere Formen haben: wenn etwa Vorurteile, Hass, Herzlosigkeit von Eltern den Kindern weitergegeben werden, oder wenn schlechte, ungerechte Arbeitsbedingungen die Moral untergraben und ein anständiges Leben fast unmöglich machen.

Dagegen heißt es kämpfen.

Vor allem aber gegen die Verführung zum Bösen, die in mir selber lauert: gegen sie sollen wir unerbittlich angehen. Hau dir lieber die Hand ab, als mit ihr Böses zu tun. Reiß dir lieber den Fuß aus, als auf üble Wege zu gehen. Vor allem aber schau auf dein Auge. Die meiste Verführung zum Bösen geht von den Augen aus. Ich würde noch hinzufügen: und auch von der Zunge, die mit Worten Böses aussät.

Jesus spricht von der Hölle. Die Gefahr, verloren zu gehen, liegt in mir selber. Wenn ich nicht bei mir anfange, gegen das Böse zu kämpfen, kann es mich zu einem bösen Ende führen. Unnachgiebig und intolerant soll ich nicht gegenüber den anderen sein, sondern gegenüber dem Hang zum Bösen in mir selber. In diesem Kampf bin ich – Gott sei dank – nicht alleine: Gott ist an meiner Seite!

27. Sonntag im Jahreskreis

Markusevangelium 10,2-16

In jener Zeit kamen Pharisäer zu Jesus und fragten: Darf ein Mann seine Frau aus der Ehe entlassen? Damit wollten sie ihm eine Falle stellen. Er antwortete ihnen: Was hat euch Mose vorgeschrieben? Sie sagten: Mose hat erlaubt, eine Scheidungsurkunde auszustellen und (die Frau) aus der Ehe zu entlassen. Jesus entgegnete ihnen: Nur weil ihr so hartherzig seid, hat er euch dieses Gebot gegeben. Am Anfang der Schöpfung aber hat Gott sie als Mann und Frau geschaffen. Darum wird der Mann Vater und Mutter verlassen, und die zwei werden ein Fleisch sein. Sie sind also nicht mehr zwei, sondern eins. Was aber Gott verbunden hat, das darf der Mensch nicht trennen. Zu Hause befragten ihn die Jünger noch einmal darüber. Er antwortete ihnen: Wer seine Frau aus der Ehe entlässt und eine andere heiratet, begeht ihr gegenüber Ehebruch. Auch eine Frau begeht Ehebruch, wenn sie ihren Mann aus der Ehe entlässt und einen anderen heiratet.

Da brachte man Kinder zu ihm, damit er ihnen die Hände auflegte. Die Jünger aber wiesen die Leute schroff ab. Als Jesus das sah, wurde er unwillig und sagte zu ihnen: Lasst die Kinder zu mir kommen; hindert sie nicht daran! Denn Menschen wie ihnen gehört das Reich Gottes.

27. Sonntag im Jahreskreis

> Amen, das sage ich euch: Wer das Reich Gottes nicht so annimmt, wie ein Kind, der wird nicht hineinkommen. Und er nahm die Kinder in seine Arme; dann legte er ihnen die Hände auf und segnete sie.

Ein Fleisch werden

Es ist nichts Neues, dass die Ehe schwierig sein kann. Was tun, wenn es gar nicht mehr geht? Muss man um jeden Preis zusammenbleiben? Gibt es gar keinen Ausweg, wenn die Ehe kein gangbarer Weg mehr zu sein scheint?

Sie wollen Jesus testen, ihn auf die Probe stellen, ihn in eine Falle locken: Darf man (Mann) sich von seiner Frau trennen? Was sagt Jesus zur Scheidung? Gegenfrage: Was sagt die Bibel dazu? Die Bibel, hier das Alte Testament, erlaubt es dem Mann, seine Frau zu entlassen. Nicht irgendwie, nicht einfach verstoßen, in die Schutzlosigkeit entlassen, sondern eine „Scheidungsurkunde“ darf man ausstellen. Das war damals ein Fortschritt.

Die Frau hatte dadurch einen gewissen Schutz, sie wurde nicht völlig rechtlos auf die Straße gestellt. Aber der Mann blieb der Bevorzugte, er konnte seine Frau „entlassen“, sie ihn nicht. Seither hat sich im „Scheidungsrecht“ viel geändert. Die Schutzbestimmungen sind besser geworden. Und dennoch bleibt viel Leid und Schmerz. Meist hinterlässt eine Scheidung tiefe Wunden bei den Partnern, oft mehr noch bei den Kindern.

Ehescheidung war also damals erlaubt. Mose selbst, der Gottes Gebote aufgezeichnet hat, gab dazu die Anweisungen.

Jesus aber sieht das alles anders. Er erklärt: Was Mose verordnet hat, ist nur eine Notlösung. Weil ihr so hartherzig, so unversöhnlich seid, hat er diese Scheidungsregelung festgelegt. Gottes Plan und Willen ist das sicher nicht. Und dann erklärt Jesus, was Gottes ursprüngliche Absicht war: Mann und Frau hat Er füreinander geschaffen, sie verlassen ihre Eltern, um zusammenzukommen und „ein Fleisch zu sein".

„Ein Fleisch", das meint zuerst einmal die geschlechtliche Vereinigung der beiden. Diese ist von Gott gewollt und daher etwas Gutes. Sie ist nicht eine unerlaubte, gar böse Sache.

„Ein Fleisch" werden, das ist aber noch mehr als die sexuelle Vereinigung. Es bedeutet das Zusammenwachsen, sodass beide immer mehr „ein Herz und eine Seele" werden.

Und Jesus sagt: Dieses Einswerden stiftet Gott selber zwischen den beiden. Gott hat sie verbunden. Er hat ihren Bund besiegelt. Deshalb gehört der Ehebund nicht mehr nur den beiden Partnern, er ist mehr als ein Vertrag, den man beliebig wieder aufkündigen kann. „Was Gott verbunden hat, das darf der Mensch nicht trennen." Und Jesus lässt keinen Zweifel daran: Wer seinen Partner verlässt und einen anderen heiratet, „begeht Ehebruch".

Schon damals waren seine eigenen Anhänger über diese strenge Haltung schockiert. Wer wagt dann noch zu heiraten, wenn die Ehe völlig unauflöslich ist? Es kann doch immer im Leben etwas schief gehen. Hat Jesus denn kein Herz für die, deren Beziehung gescheitert ist?

Nirgendwo im Evangelium finden wir, dass Jesus Menschen, die im Leben irgendwie gescheitert sind, verurteilt. Nur eines hat er immer verurteilt: die Herzenshärte. Nicht das Versagen ist schlimm, sondern so tun, als hätte man nicht versagt. Wer bereut, was er gefehlt hat, den hat Jesus nie weggeschickt. Und auch das hat Jesus immer von uns gefordert: die Versöhnungsbereitschaft. Ließe sich nicht manche Scheidung vermeiden, wenn wir die Herzen weniger verhärtet hatten? Und als wollte Jesus unsere Herzen berühren, sagt er gleich nach der „Scheidungsdebatte": „Lasst die Kinder zu mir kommen." Wer hat denn vor allem unter den Scheidungen zu leiden? Jesus zeigt auf die Kinder, nimmt sie in die Arme und segnet sie. Ist dieses berührende Bild nicht eine Einladung, sich die Scheidung noch einmal zu überlegen, im Blick auf die Kinder?

28. Sonntag im Jahreskreis

Markusevangelium 10,17-27

In jener Zeit lief ein Mann auf Jesus zu, fiel vor ihm auf die Knie und fragte ihn: Guter Meister, was muss ich tun, um das ewige Leben zu gewinnen? Jesus antwortete: Warum nennst du mich gut? Niemand ist gut außer Gott, dem Einen. Du kennst doch die Gebote: Du sollst nicht töten, du sollst nicht die Ehe brechen, du sollst nicht stehlen, du sollst nicht falsch aussagen, du sollst keinen Raub begehen; ehre deinen Vater und deine Mutter! Er erwiderte ihm: Meister, alle diese Gebote habe ich von Jugend an befolgt. Da sah ihn Jesus an, und weil er ihn liebte, sagte er: Eines fehlt dir noch: Geh, verkaufe, was du hast, gib das Geld den Armen, und du wirst einen bleibenden Schatz im Himmel haben; dann komm und folge mir nach! Der Mann aber war betrübt, als er das hörte, und ging traurig weg; denn er hatte ein großes Vermögen. Da sah Jesus seine Jünger an und sagte zu ihnen: Wie schwer ist es für Menschen, die viel besitzen, in das Reich Gottes zu kommen! Die Jünger waren über seine Worte bestürzt. Jesus aber sagte noch einmal zu ihnen: Meine Kinder, wie schwer ist es, in das Reich Gottes zu kommen! Eher geht ein Kamel durch ein Nadelöhr, als dass ein Reicher in das Reich Gottes gelangt.

28. Sonntag im Jahreskreis

Sie aber erschraken noch mehr und sagten zueinander: Wer kann dann noch gerettet werden? Jesus sah sie an und sagte: Für Menschen ist das unmöglich, aber nicht für Gott; denn für Gott ist alles möglich.

Kamel und Nadelöhr

Ein Reicher kommt zu Jesus mit der großen Frage seines Lebens: Was muss ich tun, um das ewige Leben zu gewinnen? Ich frage mich: Ist das die Frage, die uns heutige Menschen bewegt?

Damals, in früheren Zeiten mag es für viele die wichtigste Sorge in ihrem Leben gewesen sein: Wie komme ich in den Himmel? Wie verfehle ich nicht das letzte Ziel meines Lebens? Was muss ich dafür tun?

Täuscht mich mein Eindruck, dass heute bei uns meist andere Fragen im Vordergrund stehen: Wie gelingt mein Leben auf dieser Welt? Wie kann ich hier und jetzt glücklich werden? Was danach kommt, nach dem Tod, das zu fragen verschieben wir lieber auf später oder verdrängen es ganz aus unserem Gesichtsfeld. Hauptsache es passt das jetzige Leben! Oder wird heute die Frage nach dem ewigen Leben doch mehr gestellt als es äußerlich den Anschein hat?

Überraschend ist freilich, dass Jesus mit der frommen Frage des Reichen anscheinend gar keine besondere Freude hat. Er antwortet kurz und barsch: „Was nennst du mich gut? Gott allein ist gut!" Was für den Reichen ein Ausdruck der Verehrung war („guter Meister"), weist Jesus barsch zurück: Suche dir nicht irgendwelche Meister, die dir besondere, geheimnisvolle Wege zum ewigen Glück weisen könnten. Dieser Weg ist längst klar und für jeden einsehbar von Gott gezeigt worden: Du brauchst nur die Zehn Gebote zu halten. Sie führen dich sicher zum Ziel des ewigen Lebens.

Wir suchen gerne besondere Wege, geheimnisvolle Glücksrezepte, und dafür laufen wir allerlei Gesundheitsgurus und Lebemeistern nach und erwarten von ihnen wunder was für Weisungen, um den Schlüssel zum Glück zu finden. Jesus bietet kein Geheimrezept an, er ist nicht der „Wunderdoktor", bei dem man (für teures Geld) die Lösung der eigenen Probleme angeboten bekäme. Er hat nur die einfache Antwort parat: Was Gottes Wille ist und was alleine glücklich macht, das kennt jeder Mensch in seinem Herzen, die Gebote Gottes.

Darum habe er sich von Jugend an bemüht, antwortet der Reiche. Jetzt ist Jesus selber gerührt. Er blickt ihn liebevoll an und lädt ihn ein, den Schritt zu tun, der ihm noch fehlt: Loslassen! Lass deinen Reichtum los, gib ihn den Armen und komm mit mir! Doch diesen Schritt brachte der Reiche nicht übers Herz.

Was jetzt kommt ist eine völlige Umkehr unserer gängigen Sichtweise. Wer Lottomillionen gewinnt, gilt als glücklich. Wer zu den Superreichen gehört, hat es gut. Wer sich alles leisten kann, ist zu beneiden. Nein. Für Jesus ist es genau das Gegenteil. So unmöglich es für ein riesiges Kamel ist, sich durch ein winziges Nadelöhr zu zwängen, so unmöglich ist es für einen Reichen, in den Himmel hinein zu gelangen.

Die Jünger sind genauso entsetzt wie wir heutigen Hörer. Aber Jesus ist unerbittlich und klar: Durch das Tor des Todes kommst du mit den riesigen Paketen deines Reichtums nicht. Du musst alles loslassen, kannst nichts mitnehmen außer dem Guten, das du in deinem Leben getan hast.

Daher rät Jesus dem Reichen: Lass schon jetzt los, nicht erst im Tod, wo es zu spät sein wird, es freiwillig zu tun. Aber das ist doch menschenunmöglich, beschweren sich die Jünger. Das schafft doch keiner, so ganz loszulassen. Doch, sagt Jesus: Für Gott ist es möglich.

29. Sonntag im Jahreskreis

Markusevangelium 10,35-45

In jener Zeit traten Jakobus und Johannes, die Söhne des Zebedäus, zu ihm und sagten: Meister, wir möchten, dass du uns eine Bitte erfüllst. Er antwortete: Was soll ich für euch tun? Sie sagten zu ihm: Lass in deinem Reich einen von uns rechts und den andern links neben dir sitzen. Jesus erwiderte: Ihr wisst nicht, um was ihr bittet. Könnt ihr den Kelch trinken, den ich trinke, oder die Taufe auf euch nehmen, mit der ich getauft werde? Sie antworteten: Wir können es. Da sagte Jesus zu ihnen: Ihr werdet den Kelch trinken, den ich trinke, und die Taufe empfangen, mit der ich getauft werde. Doch den Platz zu meiner Rechten und zu meiner Linken habe nicht ich zu vergeben; dort werden die sitzen, für die diese Plätze bestimmt sind. Als die zehn anderen Jünger das hörten, wurden sie sehr ärgerlich über Jakobus und Johannes. Da rief Jesus sie zu sich und sagte: Ihr wisst, dass die, die als Herrscher gelten, ihre Völker unterdrücken und die Mächtigen ihre Macht über die Menschen missbrauchen. Bei euch aber soll es nicht so sein, sondern wer bei euch groß sein will, der soll euer Diener sein, und wer bei euch der Erste sein will, soll der Sklave aller sein. Denn auch der Menschensohn ist nicht gekommen, um sich dienen zu lassen, sondern um zu dienen und sein Leben hinzugeben als Lösegeld für viele.

Karriere nach unten

Selten ist so vielen Menschen sichtbar und spürbar geworden, wie wahr das Wort Jesu ist: „Wer bei euch groß sein will, der soll euer Diener sein“, wie bei der seligen Mutter Teresa von Kalkutta (1910-1997). Sie hat sozusagen „Karriere nach unten“ gemacht. Sie ist nicht immer höher gestiegen, sondern immer weiter heruntergegangen. Aus der wohlbehüteten Situation einer Ordensfrau, die in einer guten Klosterschule eine gute Lehrerin war, ist sie zu den Ärmsten der Armen hinab gestiegen, zu den Sterbenden auf den Straßen von Kalkutta. Sie ist dabei den Weg Jesu nachgegangen, der „nicht gekommen ist, sich bedienen zu lassen, sondern zu dienen“, bis zur Bereitschaft, sein Leben hinzugeben.

Diese kleine Frau war wie kaum eine andere in der ganzen Welt, bei Christen wie bei Nichtchristen, beliebt und geliebt. Was ist an ihr so anziehend? Warum ist ihr Weg „nach unten“ für viele so faszinierend?

Vielleicht deshalb, weil wir alle im Herzen spüren, dass dieser Weg der bessere ist, und glücklicher macht als jener, von dem im heutigen Evangelium die Rede ist. Unter den zwölf Aposteln gab es einen kleinen Kreis, den Jesus bevorzugt behandelt hat. Sie waren die ersten gewesen, die Jesus gerufen hatte, und nichts ist menschlich verständlicher, als dass sie daraus den Schluss zogen, etwas Besseres und Wichtigeres zu sein als die anderen, die später dazugekommen waren. Zwei Brüderpaare, Simon Petrus und Andreas, Jakobus und Johannes, die Fischer vom See Gennesaret, waren diese Erstberufenen.

Jetzt, da es ernst wurde, da Jesus immer wieder von seinem Ende, seinem Tod sprach, dachten sie wohl, sie müssten sie noch schnell für die Zukunft vorsorgen. Sie wissen nicht, wie es mit Jesus ausgehen wird, aber sie hoffen, dass er das „Reich Gottes" aufrichten wird, eine herrliche Herrschaft, in der alles gut und neu werden würde, und in der sie vorsorglich die besten Plätze, die mächtigsten Positionen haben wollten.

Es ist fast rührend, wie ehrlich Jakobus und Johannes ihren Ehrgeiz zugeben. Und es wundert nicht, dass die anderen zehn über dieses Karrierestreben verärgert waren. So geht es doch dauernd zu in unserer Welt (und auch leider in der Kirche). Aber Jesus zeigt ihnen eine andere, größere Karriere, nicht nur in Worten, sondern durch sein Vorbild: Wenn ihr mir ganz nahe sein wollt, müsst ihr den Weg mit mir gehen, den Kreuzweg; ihr müsst mit mir den Leidenskelch trinken und die Todestaufe annehmen.

Und wieder ist es rührend, wie spontan die beiden sagen: Dazu sind wir bereit. Tatsächlich sind dann alle zwölf Jesus bis ins Martyrium nachgefolgt, ohne Zögern.

Klein werden wie die Kinder, sagt Jesus immer wieder, nicht sich groß machen wie die Mächtigen: Dienen macht groß, dass zeigt uns Mutter Teresa. „Lieben", hörte sie nicht auf zu sagen und vorzuleben, „lieben bis es wehtut".

30. Sonntag im Jahreskreis

Markusevangelium 10,46-52

In jener Zeit, als Jesus mit seinen Jüngern und einer großen Menschenmenge Jericho wieder verließ, saß an der Straße ein blinder Bettler, Bartimäus, der Sohn des Timäus. Sobald er hörte, dass es Jesus von Nazaret war, rief er laut: Sohn Davids, Jesus, hab Erbarmen mit mir! Viele wurden ärgerlich und befahlen ihm zu schweigen. Er aber schrie noch viel lauter: Sohn Davids, hab Erbarmen mit mir! Jesus blieb stehen und sagte: Ruft ihn her! Sie riefen den Blinden und sagten zu ihm: Hab nur Mut, steh auf, er ruft dich. Da warf er seinen Mantel weg, sprang auf und lief auf Jesus zu. Und Jesus fragte ihn: Was soll ich dir tun? Der Blinde antwortete: Rabbuni, ich möchte wieder sehen können. Da sagte Jesus zu ihm: Geh! Dein Glaube hat dir geholfen. Im gleichen Augenblick konnte er wieder sehen, und er folgte Jesus auf seinem Weg.

Danke Bartimäus!

Wer in den armen Ländern dieser Welt war – und die meisten Länder zählen dazu –, dem ist der Anblick blinder Bettler vertraut. Zur bitteren Armut kommt bei ihnen noch die Blindheit dazu. Sie macht noch hilfsloser. Heute könnten viele Erblindungen in diesen Ländern durch bessere medizinische Versorgung verhindert werden. Hilfsorganisationen wie die „Christoffel Blindenmission" leisten hier Großartiges. Trotzdem bleibt die hohe Zahl der Blinden eines der typischen Zeichen der ärmsten Länder. Jesu Heimatland gehörte zu ihnen. Deshalb begegnen uns im Evangelium so viele Blinde.

Aber nur von einem kennen wir den Namen: Bartimäus, der Sohn des Timäus. Sein Hilfeschrei ist wie das Echo der Not so vieler armer Blinder. Er ist aber auch ein Echo der seelischen Not. Wie viele sitzen am Wegrand des Lebens – allein in ihrer Hilflosigkeit, auf die Seite gedrängt, als lästig empfunden – deren Hilferufe man zum Schweigen bringen will, weil sie die Ruhe oder den Spaß der anderen stören. Bartimäus könnte mein Nachbar sein.

Am Blinden von Jericho berührt, dass er sich nicht einfach „abwimmeln" lässt. Er schreit sein Elend heraus. Er ist nicht zum Schweigen zu bringen. Wer verzweifelt ist, verstummt. Wer um Hilfe ruft, der hofft noch. Bartimäus berührt uns, weil er hofft. Er kann auch in mir den Funken der Hoffnung wieder entzünden. Er zeigt, wie das geschehen kann.

Bartimäus hört, dass Jesus der Grund ist, warum da eine solche Menschenmenge auf der Straße die nach Jerusalem hinaufführt, daherkommt. Er hat von Jesus gehört, wie so viele damals. Wunder wirken kann er, Kranke heilt er, selbst in hoffnungslosen Fällen hat er schon geholfen. Wer weiß, ob er nicht auch mir helfen kann! Und so ruft Bartimäus Jesus beim Namen, schreit nach ihm, um sich in dieser dichten Menschenmenge Gehör zu verschaffen. Er schreit immer lauter und so lange, bis Jesus, der Angerufene, stehen bleibt und ihn zu sich ruft.

Wie typisch ist das Verhalten der Menge: Zuerst will sie den lästigen Schreier zum Schweigen bringen, dann – völlige Kehrtwende – ermutigt sie den Blinden, zu Jesus zu eilen. Wie wetterwendig ist doch die so genannte „öffentliche Meinung". Es tut mit gut, in diesen Spiegel zu schauen und mich selber zu fragen, wie leicht ich selber einmal so, dann gleich ganz anders denke und handle.

Jetzt aber interessiert nicht mehr die Menschenmenge. Jesus und der Blinde begegnen einander, nur mehr das zählt: „Was soll ich dir tun?" „Rabbuni, lieber Meister, ich möchte sehen können."

Dass Jesus auch mich heilen kann, an meinem kranken Leib und noch mehr an meiner kranken Seele, diese Hoffnung, dieses Vertrauen schenkt uns der Blinde vom Wegrand bei Jericho. Seit er damals laut und lästig um Hilfe geschrieen hat, ist dieser Ruf nicht mehr verstummt. In jeder Heiligen Messe wird seine Bitte wiederholt: „Herr, erbarme dich unser!" Sein Vertrauen wirkt ansteckend. Nach seinem Vorbild kann jeder in jeglicher Not nach Jesus rufen. Danke dir, Bartimäus, dass du dich von niemandem hast abhalten lassen, auf Jesus zu hoffen!

31. Sonntag im Jahreskreis

Markusevangelium 12, 28b-34

Ein Schriftgelehrter ging zu ihm hin und fragte ihn: Welches Gebot ist das erste von allen? Jesus antwortete: Das erste ist: Höre, Israel, der Herr, unser Gott, ist der einzige Herr. Darum sollst du den Herrn, deinen Gott, lieben mit ganzem Herzen und ganzer Seele, mit all deinen Gedanken und all deiner Kraft. Als zweites kommt hinzu: Du sollst deinen Nächsten lieben wie dich selbst. Kein anderes Gebot ist größer als diese beiden. Da sagte der Schriftgelehrte zu ihm: Sehr gut, Meister! Ganz richtig hast du gesagt: Er allein ist der Herr, und es gibt keinen anderen außer ihm, und ihn mit ganzem Herzen, ganzem Verstand und ganzer Kraft zu lieben und den Nächsten zu lieben wie sich selbst, ist weit mehr als alle Brandopfer und anderen Opfer. Jesus sah, dass er mit Verständnis geantwortet hatte, und sagte zu ihm: Du bist nicht fern vom Reich Gottes. Und keiner wagte mehr, Jesus eine Frage zu stellen.

Gottes Platzhalter

Es gibt so viele Gebote. Über 600 zählt das Judentum im Alten Testament. Sind alle gleich wichtig? Sicher nicht. Aber wie sind sie zu gewichten? Welche sind die ganz dringenden, welche haben weniger Bedeutung? Oder müssen alle gleich genau beachtet werden? Welche sind wirklich Gottes Gebote, welche haben die Menschen dazu erfunden? Je mehr von Menschen gemachte Gesetze zu beachten sind, desto schwieriger wird es, Gottes eigenste Gebote „herauszufiltern".

Gottes Gebote zu beachten ist lebensnotwendig. Seine Gebote sind Lebenswege, sie sollen uns vor „Todeswegen" bewahren. Gott ist ein Freund des Lebens, sagt die alttestamentliche Weisheit. Er will nicht unser Verderben, unseren Tod, sondern dass wir leben. Deshalb ist es so lebenswichtig, Seine Gebote zu kennen und ihnen gemäß zu leben.

Damit wir sie nicht verfehlen, hat Gott sie uns ins Herz geschrieben. Die Grundgebote Gottes, wie sie in den „Zehn Worten", dem Dekalog, festgehalten sind, die Gott dem Mose auf dem Berg Sinai übergeben hat, sind uns nicht von außen auferlegt, als wären sie fremde, willkürliche Weisungen. Wir finden sie in unserem Gewissen, der innersten Stimme Gottes in unserem Herzen. Wir brauchen sie eigentlich nicht zu lernen. Jedes Kind kennt sie durch den sittlichen „Instinkt", der ihm innewohnt.

Wenn sich die Hunderten von Geboten, die in der Bibel zu finden sind, auf die Zehn Gebote zurückführen lassen, dann kann immer noch gefragt werden, welches dann von diesen zehn das Wichtigste sei. Manchmal hat man den Eindruck, das berühmte Sechste Gebot sei das Wichtigste, so sehr steht das Thema Sexualität als „Thema Nummer eins" im Vordergrund.

Jesu Antwort auf die Frage des Schriftgelehrten ist so klar und „logisch“, dass wir uns nur wundern können, warum das nicht auch im Leben so klar ist. Das wichtigste Gebot ist das erste der Zehn Gebote. Es fasst alle zusammen und gibt überhaupt erst die Möglichkeit, die anderen zu erfüllen.

„Dieu premier servi“ war der Leitspruch der hl. Johanna von Orléans (Jeanne d'Arc, 1412-1431): „Gott an erster Stelle dienen!“ aber nicht so, dass wir diesen Dienst in Prozentsätze einteilen: So und so viel für Gott, den Rest für Andere und Anderes. Jesus ist – mit dem Alten Testament – ganz klar. Es geht um hundert Prozent: Gott lieben „mit ganzem Herzen, ganzer Seele, allen Gedanken, aller Kraft“. Nichts bleibt ausgenommen. Alles soll zur Gänze, bedingungslos, in die Liebe zu Gott „investiert“ werden.

Wenn Gott Gott ist, ist das völlig klar. Dann ist Er der Erste und der Letzte, das A und O unseres Lebens. Wenn das so ist, warum ist es dann in unserem Leben oft so wenig wahr? Warum kommt Gott in meinem Leben oft an letzter Stelle? Warum wende ich mich an ihn erst wenn alle Stricke reißen? Warum ist er so oft nicht mehr als ein „Lückenbüßer“ selbst im Leben von frommen Christen? Weil wir (noch) so weit vom Ziel entfernt sind! Weil wir viel zu sehr uns selber zur Mitte machen und nicht Gott. Das erste Gebot ist das wichtigste. Es ist das Ziel, das wir erreichen wollen, wenn wir das ganze, volle, glückliche Leben gewinnen wollen.

Und der Weg dahin? Den nennt Jesus in einem Atemzug mit dem ersten Gebot: „Liebe deinen Nächsten wie dich selbst.“ Wir werden Tag für Tag zur größeren Gottesliebe geführt, indem wir geduldig den Weg der Nächstenliebe gehen. Der Nächste ist „Gottes Platzhalter“, an dem wir lernen, mit aller Kraft und ganzem Herzen den zu lieben, der hinter dem Nächsten steht.

32. Sonntag im Jahreskreis

Markusevangelium 12,41-44

Als Jesus einmal dem Opferkasten gegenübersaß, sah er zu, wie die Leute Geld in den Kasten warfen. Viele Reiche kamen und gaben viel. Da kam auch eine arme Witwe und warf zwei kleine Münzen hinein. Er rief seine Jünger zu sich und sagte: Amen, ich sage euch: Diese arme Witwe hat mehr in den Opferkasten hineingeworfen als alle andern. Denn sie alle haben nur etwas von ihrem Überfluss hergegeben; diese Frau aber, die kaum das Nötigste zum Leben hat, sie hat alles gegeben, was sie besaß, ihren ganzen Lebensunterhalt.

Worauf es Jesus ankommt

Wir sind fast am Ende des Kirchenjahres. Das heutige Evangelium stellt in gewisser Weise das Ende des öffentlichen Lehrens und Wirkens Jesu dar. Die kleine Szene im Tempel von Jerusalem ist wie ein Schlusspunkt des Evangeliums, seine Zusammenfassung in kürzester Form. Danach spricht Jesus noch ausführlich von den „letzten Dingen", die Seiner Wiederkunft vorausgehen werden. Darauf folgt seine Leidensgeschichte, die im Abendmahlsaal beginnt und mit dem leeren Grab endet.

Folgen wir Jesus in den Tempel in Jerusalem, den er bereits als Kind so sehr geliebt hat, dass er ihn seinen ihn sorgenvoll suchenden Eltern gegenüber als „das Haus meines Vaters" bezeichnete. Für dieses sein irdisches „Vaterhaus" hat er leidenschaftlich gekämpft. Die drastische Tempelreinigung bezeugt seine Sorge um die Reinheit und Heiligkeit des Tempels, der nicht zu einer „Markthalle" oder gar zu einer „Räuberhöhle" verkommen darf (Mk 11,15-19).

Hier im Tempel hat er oft gelehrt, Streitgespräche geführt und wohl vor allem gebetet (auch wenn dies nicht ausdrücklich genannt wird). Hier sehen wir ihn heute einfach sitzend und den Menschen zusehend, wie sie zahlreich in den Tempel kommen. Er hat einen besonderen Platz gewählt: „gegenüber dem Opferkasten", dem großen „Opferstock" des Tempels. „Er sah zu, wie die Leute Geld in den Kasten warfen."

Da trifft sein Blick auf eine „arme Witwe", die „zwei kleine Kupfermünzen hineinwarf". Was fällt uns an Jesus auf? Zuerst sein Blick! Jesus sitzt und schaut. Jünger Jesu werden, das heißt zuerst einmal, so zu schauen lernen, wie Er schaut. Seine Sichtweise soll unsere werden. Wenn wir nicht lernen, die Menschen, die Dinge, die Situationen mit seinen Augen zu sehen, dann sind wir noch nicht seine Jünger geworden.

Wo sind seine Jünger in dieser Szene? Sie sind doch mit ihm in den Tempel gekommen. Er ist alleine. Sie sind (wieder einmal) anderswo, mit ihren Blicken, ihrer Aufmerksamkeit. Anderes scheint sie mehr zu interessieren. So muss Jesus sie erst zusammenrufen. Das griechische Wort, das der Evangelist Markus hier verwendet, hat dieselbe Wurzel wie das Wort „Kirche". Sie ist die „Zusammengerufene", die Versammlung derer, die Gott, die Christus durch seinen Ruf um sich versammelt. Er macht aus Zerstreuten Gesammelte, im doppelten Sinn des Wortes. Wir Menschen gehen unsere Wege, jeder für sich, und oft irgendwie, auch seelisch „zerstreut". Jesus ruft Menschen zusammen, er sammelt sie, so dass sie selber „Gesammelte" werden.

Jesus ruft also seine Jünger zusammen. Er muss ihnen etwas zeigen, was sie nicht beachtet haben, etwas ganz Wichtiges, ja Entscheidendes: diese arme Witwe. Was gibt es da zu sehen außer Armseligkeit? Eben das, was nur der Blick Jesu sieht, der nicht am Äußerlichen haften bleibt: Sie hat mehr als alle in den Opferstock gegeben, alles was sie hatte, ihren ganzen Lebensunterhalt, wörtlich „ihr ganzes Leben".

Genau das will Jesus zeigen. Sie, die alles Gott geschenkt hat, stellt Jesus seinen Jüngern vor Augen. In ihrer selbstlosen Hingabe sieht Jesus eine Zusammenfassung seines ganzen Evangeliums. „Selig die Armen im Geiste, denn ihrer ist das Himmelreich" (Mt 5,3 wörtlich). Die arme Witwe tut, was Jesus selber bald tun wird: sein Leben ganz für uns schenken. Wenn die Jünger Jesu sie nicht übersehen, wenn ihr Blick für die Armen und Kleinen wach ist, werden sie auch verstehen, was Jesu innerstes Anliegen ist, worauf es Jesus wirklich ankommt.

33. Sonntag im Jahreskreis

Markusevangelium 13,24-32

In jener Zeit sprach Jesus zu seinen Jüngern: In jenen Tagen, nach der großen Not, wird sich die Sonne verfinstern und der Mond wird nicht mehr scheinen; die Sterne werden vom Himmel fallen und die Kräfte des Himmels werden erschüttert werden. Dann wird man den Menschensohn mit großer Macht und Herrlichkeit auf den Wolken kommen sehen. Und er wird die Engel aussenden und die von ihm Auserwählten aus allen vier Windrichtungen zusammenführen, vom Ende der Erde bis zum Ende des Himmels. Lernt etwas aus dem Vergleich mit dem Feigenbaum! Sobald seine Zweige saftig werden und Blätter treiben, wisst ihr, dass der Sommer nahe ist. Genauso sollt ihr erkennen, wenn ihr (all) das geschehen seht, dass das Ende vor der Tür steht. Amen, ich sage euch: Diese Generation wird nicht vergehen, bis das alles eintrifft. Himmel und Erde werden vergehen, aber meine Worte werden nicht vergehen. Doch jenen Tag und jene Stunde kennt niemand, auch nicht die Engel im Himmel, nicht einmal der Sohn, sondern nur der Vater.

Weltuntergang

Manchmal befällt mich ein seltsamer Gedanke: Einmal wird auch der geliebte Stephansdom nicht mehr sein. Ich wünsche mir, wie wohl wir alle, dass er lange, lange Zeit bestehe. Er ist schon über 850 Jahre alt. Möge er noch tausend Jahre stehen. Aber einmal wird alles auf Erden ein Ende haben. „Himmel und Erde werden vergehen."

Heute sagen uns die Wissenschaftler, dass unser Weltall, dieser unvorstellbar große Kosmos, einmal begonnen hat, vor etwa 14 Milliarden Jahren, und dass er einmal, in Milliarden Jahren, wieder vergehen wird. Unsere kurze Erdgeschichte stellt nur einen winzigen Bruchteil der Dauer des Universums dar. Sicher ist, dass wir vergehen. Sicher ist, dass die Erde, die Sonne, unsere Galaxis, ja das ganze Weltall, ihre Ablaufdaten haben. Für den Kosmos können die Wissenschaftler ungefähr sagen, wann das sein wird: in einigen Milliarden Jahren.

Das berührt uns nicht, weil es so astronomisch große Zeiträume sind. Für unseren eigenen irdischen Pilgerweg können wir hingegen nicht wissen, wann „der Tag und die Stunde" kommen werden. Es kann schon heute sein oder erst in Jahren. Sicher ist nur, dass es eines Tages auch für mich so weit sein wird.

Für Jesus ist die Stunde gekommen. Das heutige Evangelium berichtet von den letzten Tagen Jesu in Jerusalem, kurz vor dem Drama der Kreuzigung. Und Jesus spricht zu seinen Jüngern von den „letzten Tagen der Menschheit", von der Endzeit auf Erden. Aber wann wird das alles geschehen? Steht das Ende schon vor der Tür? Gibt es Zeichen dafür, Warnlichter gewissermaßen, deren Blinken uns darauf hinweist, dass die letzte Stunde gekommen ist?

Jesus selber schiebt einen festen Riegel vor: Niemand weiß die Stunde! Also Schluss mit den Spekulationen über den Weltuntergang! Gott alleine weiß, wann das sein wird. Er allein ist Meister der Zeit und Herrscher über das All. „Alles ist dein Eigentum" heißt es im „Großer Gott wir loben dich" (Gotteslob Nr. 257). Niemand, nicht einmal Jesus selber, kann einen Zeitpunkt angeben. Jesus könnte es, will es aber nicht, weil klar sein soll, dass das allein Gottes Sache ist.

Wenn es so ist, warum sich dann Sorgen machen wegen des Endes? Wir haben es ja sowieso nicht in der Hand. Gewiss, aber wir können zumindest dazu beitragen, im Guten wie im Schlechten. Und zur Zeit sind wir weltweit eifrig daran, zur Verschlechterung beizutragen. Globale Erwärmung, Zerstörung der „Lungen der Erde", der tropischen Regenwälder, Vergeudung der natürlichen Energiereserven und vieles andere mehr, was zwar nicht zum Weltuntergang führt, aber doch das Leben auf Erden nachhaltig beschädigt.

Den Ernst der Stunde sollen wir erkennen. Schlimmer als die äußere Umweltgefährdung sind die seelischen Verwüstungen. Es gibt auch den kleinen Weltuntergang, wenn meine Lebenswelt zerbricht, Beziehungen scheitern, Arbeitsplätze verloren gehen. Wie zerbrechlich sind die menschlichen Dinge. Wie gefährdet ist, was so sicher aussieht. Im Herbst erinnert uns alles in der Natur an die Vergänglichkeit. „Meine Worte werden nicht vergehen", sagt Jesus. An Ihm ist Halt. Wenn alles wankt, bleibt immer noch Er.

Johannesevangelium 18,33-37

In jener Zeit fragte Pilatus Jesus: Bist du der König der Juden? Jesus antwortete: Sagst du das von dir aus, oder haben es dir andere über mich gesagt? Pilatus entgegnete: Bin ich denn ein Jude? Dein eigenes Volk und die Hohenpriester haben dich an mich ausgeliefert. Was hast du getan? Jesus antwortete: Mein Königtum ist nicht von dieser Welt. Wenn es von dieser Welt wäre, würden meine Leute kämpfen, damit ich den Juden nicht ausgeliefert würde. Aber mein Königtum ist nicht von hier. Pilatus sagte zu ihm: Also bist du doch ein König? Jesus antwortete: Du sagst es, ich bin ein König. Ich bin dazu geboren und dazu in die Welt gekommen, dass ich für die Wahrheit Zeugnis ablege. Jeder, der aus der Wahrheit ist, hört auf meine Stimme.

Dieser Spiegel

„Ja, ich bin ein König." Der das sagt, steht gefesselt und machtlos vor dem Statthalter des Kaisers. Was für ein Gegensatz! Was kann dieser ohnmächtige König in der Weltgeschichte bewirken?

Die Macht liegt doch ganz anderswo, in den politischen und wirtschaftlichen Schaltstellen, wo die Großen dieser Welt das Sagen haben. Dieser da, der als Gefangener vor Pilatus steht, hat keine Armee hinter sich, keine Großfinanz, keine politische Macht. Nach menschlichem Maß müsste er längst vergessen sein, untergegangen im breiten Strom der Geschichte.

Er ist immer noch da. Immer noch steht er vor den Mächtigen dieser Welt. Jeder von uns will ein wenig einer der Mächtigen sein, und wäre es nur daheim oder am Arbeitsplatz, vor den Kollegen, gegenüber den anderen. Wie vor Pilatus, dem kleinen Provinzgouverneur, der gerne den großen Mann herausstreicht, so steht Jesus vor mir, und der Dialog, den er mit Pilatus führt, wird zum Spiegel, den Jesus mir vorhält: Wie schaut es mit dir aus? Lebst du im Schein oder in der Wahrheit? Wage ich es, in diesen Spiegel hineinzuschauen?

Pilatus fragt Jesus: „Wer bist du? Bist du der König der Juden?"

Die Gegenfrage Jesu hält ihm den Spiegel hin: „Sagst du das von dir aus, oder haben es dir andere über mich gesagt?"

Sagst du das, weil das die „öffentliche Meinung" ist? Oder sagst du das, weil du es wirklich selber wissen willst? Bist du unter Druck, weil „die anderen" dir das einreden, oder kommt diese Frage aus deinem Herzen?

Blick in den Spiegel: Wie viele meiner Urteile sind Vorurteile? Wie viel von dem, was ich denke und sage, habe ich einfach „von anderen“ übernommen, ohne mich zu fragen, ob ich wirklich selber so denke?

Es tut mir weh, immer wieder zu erleben, wie gedankenlos und unüberprüft auch Vorurteile gegenüber der Kirche weiter getragen werden. Wir sollten uns bemühen, uns möglichst wenig von Vorurteilen leiten zu lassen. Wir sollten uns immer wieder fragen: Ist das meine persönliche Überzeugung, die ich mir selber aus Kenntnis der Dinge gebildet habe, oder rede ich nach, „was andere gesagt haben“?

Pilatus ist von der Frage Jesu unangenehm berührt. Er ist nicht bereit, in den Spiegel zu schauen, den Jesus ihm hinhält: „Bin ich denn ein Jude? Was hast du getan?“ Jesu Antwort liegt auf einer ganz anderen Ebene: „Mein Reich ist nicht von dieser Welt.“ Wäre meine Königsherrschaft eine weltliche, dann würden meine Leute für mich kämpfen.

Wieder ein Spiegel: Es gibt nicht nur diese Welt, es gibt auch die andere, jenseitige Welt. Die Mächtigen dieser Welt herrschen nicht über die andere Welt. Ihre Macht hat Grenzen. Alle irdische Macht ist begrenzt. Wir haben im letzten Jahrhundert erlebt, wohin es führt, wenn Diktatoren und totalitäre Staaten versuchen, auch über die Seelen der Menschen zu herrschen. Wer Christus als seinen König annimmt, wird nicht unterjocht. Christus wird ihn befreien. Der gefesselte König, der vor Pilatus steht, befreit von allen Fesseln der Selbsttäuschung und Lüge. Nur eines ist dazu nötig: ehrlich um die Wahrhaftigkeit ringen. Schau in diesen Spiegel!

Gedanken zum Evangelium

Fasten und Osterzeit

1. Fastensonntag

Markusevangelium 1,12-15

In jener Zeit trieb der Geist Jesus in die Wüste. Dort blieb Jesus vierzig Tage lang und wurde vom Satan in Versuchung geführt. Er lebte bei den wilden Tieren, und die Engel dienten ihm. Nachdem man Johannes ins Gefängnis geworfen hatte, ging Jesus nach Galiläa; er verkündete das Evangelium Gottes und sprach: Die Zeit ist erfüllt, das Reich Gottes ist nahe. Kehrt um, und glaubt an das Evangelium!

Die Wüste blüht auf

Knapper geht es nicht. Nur wenige Zeilen widmet der Evangelist Markus den vierzig Tagen Jesu in der Wüste. Sie sind das Vorbild für die vierzig Tage der Fastenzeit, die mit dem Aschermittwoch beginnt. Was hat Jesus mit seiner Wüstenzeit beabsichtigt? Wie hat er sie gelebt? Worin besteht das Vorbild, das die christliche Fastenzeit nachahmen will?

Die Auskunft des Markus ist so sparsam, dass eine Antwort auf diese Fragen schwer fällt. Bei genauerem Hinsehen zeigt sich aber, dass diese wenigen Worte dicht mit Inhalt gefüllt sind.

Zuerst der Zeitpunkt: Eben hat sich Jesus von Johannes dem Täufer im Jordan taufen lassen. Jesus steht ganz am Anfang. Bisher hat er ein völlig unauffälliges Handwerkerleben geführt. Mit etwa dreißig Jahren bricht er plötzlich auf. Er geht zu Johannes, reiht sich einfach mitten unter die vielen Menschen ein, die kommen, um ihre Sünden zu bekennen und sich als Zeichen der Buße und des Neubeginns im Wasser untertauchen zu lassen. Jesus stellt sich von Anfang an mitten unter die Menschen. Dazu ist er gekommen. „Nicht die Gesunden brauchen den Arzt, sondern die Kranken. Ich bin gekommen, die Sünder zu rufen, nicht die Gerechten“ (Mk 2,17), so wird er später seinen Auftrag erklären. Und genau das sind die Menschen, unter die sich Jesus am Jordan einreiht: Sünder, an Seele und Leib Kranke. Und seine Aufgabe sieht er darin, sie gesund zu machen. Dazu helfen nicht Worte, bloße Reden. Jesus geht an die Wurzel des Übels heran. Dazu geht er in die Wüste, dorthin treibt ihn Gottes Geist.

Die Wüste ist hart zu bestehen. Das wusste das jüdische Volk aus der Erinnerung an die vierzig Jahre in der Wüste. Alle äußeren Hilfen fallen weg, keine Zerstreuung, kein Spaß. Stille und Einsamkeit. Vierzig Tage lang die Wüste alleine auszuhalten, das ist schon für sich eine harte Prüfung.

Aber Jesus wurde in dieser Zeit zudem „vom Satan in Versuchung geführt“. Zum äußeren Überlebenskampf kommt die innere Bedrängnis der Versuchung. Worin besteht sie? Heute denkt man meist gleich und nur an sexuelle Verlockungen. Es gibt sie, und der Kampf mit ihnen ist nicht leicht. Andere Versuchungen können tiefer gehen: Sinnlosigkeit und Verzweiflung, Prahlen und Herrschen wollen, und schließlich die radikalste Versuchung: sich von Gott abwenden.

Wie hat Jesus diese Versuchungen erlebt? Wir wissen es nicht. Aber er hat sie bestanden, nicht nur für sich, sondern auch für uns. Am Anfang steht sein Kampf gegen die Versuchung des Bösen. In diesen vierzig Tagen hat Jesus für uns gekämpft. Es war sozusagen ein Stellvertreterkampf. Er wollte uns nicht nur mit schönen Worten helfen, sondern unsere Kämpfe auf sich nehmen. Heilen und helfen kann er uns nur, wenn er weiß, „aus welchen Stoff wir sind", wie anfällig wir sind, wie leicht der Versucher, Satan, es oft mit uns hat. Für uns hat Jesus diesen Kampf aufgenommen und hat dabei gesiegt.

Markus zeigt diesen Sieg an zwei Zeichen: Jesus lebt in der Wüste „bei den wilden Tieren". Sie tun ihm nichts, zwischen ihnen herrscht Frieden, weil Er Frieden mit Gott hat. Von vielen Heiligen wissen wir, dass sie so mit der Tierwelt in Harmonie lebten. Und „die Engel dienten" Jesus: noch ein Bild des Friedens, nicht nur mit der Tierwelt, sondern auch mit der Himmelswelt. Weil Jesus den Bösen und das Böse überwunden hat, geht Frieden von ihm aus. Die Wüste wird zum Paradies.

Dass in unsere Wüsten der Friede komme, das will Jesus, wenn er auffordert: „Kehrt um, und glaubt an das Evangelium".

2. Fastensonntag

Markusevangelium 9,2-10

In jener Zeit nahm Jesus Petrus, Jakobus und Johannes beiseite und führte sie auf einen hohen Berg, aber nur sie allein. Und er wurde vor ihren Augen verwandelt; seine Kleider wurden strahlend weiß, so weiß, wie sie auf Erden kein Bleicher machen kann. Da erschien vor ihren Augen Elija und mit ihm Mose, und sie redeten mit Jesus. Petrus sagte zu Jesus: Rabbi, es ist gut, dass wir hier sind. Wir wollen drei Hütten bauen, eine für dich, eine für Mose und eine für Elija. Er wusste nämlich nicht, was er sagen sollte; denn sie waren vor Furcht ganz benommen. Da kam eine Wolke und warf ihren Schatten auf sie, und aus der Wolke rief eine Stimme: Das ist mein geliebter Sohn, auf ihn sollt ihr hören. Als sie dann um sich blickten, sahen sie auf einmal niemand mehr bei sich außer Jesus. Während sie den Berg hinabstiegen, verbot er ihnen, irgendjemand zu erzählen, was sie gesehen hatten, bis der Menschensohn von den Toten auferstanden sei. Dieses Wort beschäftigte sie, und sie fragten einander, was das sei: von den Toten auferstehen.

Weg der Verklärung

Selbst auf einem hohen Berg ist heute Stille zur Seltenheit geworden. Fast immer ist irgendein Lärm zu hören, aus den Tälern oder vom Himmel her, von den unentwegten Flugzeugen. Stille ist zu einem kostbaren, raren Gut geworden.

Jesus sucht oft die Stille, zieht sich alleine auf einen Berg zurück, um zu beten. So auch im heutigen Evangelium. Selten nimmt er dazu jemanden mit wie diesmal.

Unter seinen zwölf Aposteln stehen ihm die drei, die in die Einsamkeit des Berges mit hinaufsteigen dürfen, besonders nahe: Petrus und das Brüderpaar Jakobus und Johannes. Noch in einer anderen einsamen Stunde werden sie bei ihm sein, freilich mehr schlafend als wachend im Ölbergsgarten Getsemani, in der Nacht seiner Todesangst und seiner Verhaftung.

Was sie in der Stille auf dem Berg erleben ist ganz anderer und einmaliger Art. Vor ihren Augen wird Jesus verwandelt. Alles ist in Licht getaucht, genauer, beginnt strahlend zu leuchten, sein Gewand, sein Gesicht. Sie versuchen etwas unbeholfen dafür Vergleiche zu finden: heller weiß als je ein weißes Kleid sein kann.

Zur Lichterscheinung kommt anderes dazu. Sie sehen die beiden wichtigsten Gestalten des Alten Testaments neben Jesus: Mose und Elija. Und sie hören eine Himmelsstimme, die Jesus als Sohn Gottes bezeugt. Das Erlebnis muss so stark und beglückend gewesen sein, dass sie es am liebsten festgehalten hätten. Aber es blieb bei einem unvergesslichen Augenblick.

Zwei Fragen: Wie kann man sich dieses einmalige Ereignis vorstellen? Und warum wird es gerade am zweiten Fastensonntag gelesen?

Eine Ahnung davon können wir bekommen, wenn wir an Momente denken, wo wir Menschen „strahlend" erlebt haben, vor Glück, vor Freude, oder wenn Menschen im Leid, im Alter, sogar im Sterben wie „verklärt" wirken.

Die Szene wird „die Verklärung Jesu" genannt. Das gibt es, dass Menschen wie von innen her zu leuchten beginnen. Franziska Jägerstätter habe ich als einen solchen unglaublich strahlenden Menschen erlebt. Sie hat viel Leid getragen. Ihr Mann ist am 9. August 1943 von Hitlers Schergen enthauptet worden, weil er sich aus Glaubensgründen nicht bereit fand, in Hitlers Krieg zu dienen. Ihr Leben war, wie sie selber sagte, „ein langer Karfreitag". Aber ihr tiefer und starker Glaube hat sie nicht bitter werden lassen. Wer ihr begegnet, spürt etwas von dem, was die drei Apostel auf dem Berg der Verklärung erlebt haben dürften.

Und das erklärt auch, warum dieses Evangelium gerade in der Fastenzeit gelesen wird. Sinn der vierzig Tage der Buße ist, Gott näher zu kommen. „Gott ist Licht" sagt die Bibel. Wer Ihm im Herzen, im Leben, durch den Glauben nahe kommt, wird selber lichter, heller, Jesus ähnlicher, der ganz Gottes geliebter Sohn ist. Der Weg dorthin kann freilich steil sein, ein Kreuzweg. Am Ende aber steht Ostern, strahlende Freude.

3. Fastensonntag

Johannesevangelium 2, 13-25

Das Paschafest der Juden war nahe, und Jesus zog nach Jerusalem hinauf. Im Tempel fand er die Verkäufer von Rindern, Schafen und Tauben und die Geldwechsler, dir dort saßen. Er machte eine Geißel aus Stricken und trieb sie alle aus dem Tempel hinaus, dazu die Schafe und Rinder; das Geld der Wechsler schüttet er aus, und ihre Tische stieß er um. Zu den Taubenhändlern sagte er: Schafft das hier weg, macht das Haus meines Vaters nicht zu einer Markthalle! Seine Jünger erinnerten sich an das Wort der Schrift: Der Eifer für dein Haus verzehrt mich. Da stellten ihn die Juden zur Rede: Welches Zeichen lässt du uns sehen als Beweis, dass du dies tun darfst? Jesus antwortete ihnen: Reißt diesen Tempel nieder, in drei Tagen werde ich ihn wieder aufrichten. Da sagten die Juden: Sechsundvierzig Jahre wurde an diesem Tempel gebaut, und du willst ihn in drei Tagen wieder aufrichten? Er aber meinte den Tempel seines Leibes.

Als er von den Toten auferstanden war, erinnerten sich seine Jünger, dass er dies gesagt hatte, und sie glaubten der Schrift und dem Wort, das Jesus gesprochen hatte.

Während er zum Paschafest in Jerusalem war, kamen viele zum Glauben an seinen Namen, als sie die Zeichen sahen, die er tat. Jesus aber vertraute sich ihnen an, denn er kannte sie alle und brauchte von keinem ein Zeugnis über den Menschen; denn er wusste, was im Menschen ist.

Tempelreinigung heute

An manchen Tagen kommt mir im Wiener Stephansdom das heutige Wort Jesu in den Sinn: „Macht das Haus Gottes nicht zu einer Markthalle!“ Wo ist das Gespür für die Heiligkeit dieses Ortes? Es wird laut geredet, manche kommen essend und trinkend herein und werden noch ausfällig, wenn ein Domwächter darauf hinweist, dass das hier fehl am Platz ist. In keiner Moschee wäre ein solches Benehmen denkbar.

Jesus hat den Tempel in Jerusalem innig geliebt. Schon als Neugeborener wurde er von Maria und Josef in den Tempel gebracht, und dann wohl immer wieder zu den häufigen Wallfahrten.

Einmal blieb er dort, als Zwölfjähriger, und als die Eltern den Vermissten im Tempel wiederfanden, fragte er sie erstaunt: „Wusstet ihr nicht, dass ich in dem sein muss, was meinem Vater gehört?“ (Lk 2,49). Der Tempel war für ihn das Haus Seines Vaters, und darum wusste er sich dort zu Hause. Deshalb konnte er es auch nicht ertragen, dass daraus eine Markthalle, ja eine „Räuberhöhle“ gemacht wurde.

Wenn es um Gott, um die Armen, um die Ehrlichkeit ging, konnte sich Jesus als gar nicht milde zeigen. In manchen Momenten packt ihn „heiliger Zorn“. Die Tempelreinigung ist so ein Fall. Dieses Evangelium wird in der Fastenzeit gelesen, weil es auch heute notwendig ist, darauf hinzuweisen, nicht nur im Stephansdom oder in anderen von Touristen viel besuchten Gotteshäusern, sondern vor allem in uns selber. Denn wir sind Gottes Tempel, und Jesu „heiliger Zorn“ entzündet sich an all dem Unrat, der sich in uns angesammelt hat.

Und wie Jesus in Jerusalem eine Geißel verwendet hat, um das Markttreiben aus dem Tempel zu verjagen, so scheut er sich nicht, gelegentlich auch uns gegenüber handfeste Mittel zu ergreifen, weil er will, dass unser Leib und unsere Seele Gottes Wohnstatt sind und nicht zur Räuberhöhle verkommen.

Die Geißelstricke können etwa die Folgen unserer Fehler und Sünden sein, die wir zu erleiden haben. Sie sollen helfen, so manches Ungute aus unserem Leben zu vertreiben, damit wir wieder Wohnstatt Gottes werden.

Wie sehr wir diese Tempelreinigung brauchen, zeigt das letzte Wort des heutigen Evangeliums: Jesus „wusste, was im Menschen ist“.

Er kennt uns, weiß, aus welchen Stoff wir sind und wie wenig wir es schaffen, aus eigener Kraft den Unrat aus unserem Leben zu entfernen. Deshalb nimmt er ja auch selber die Reinigung des Tempels in die Hand.

Sein Instrument dazu ist das Kreuz, das er für uns auf sich genommen hat: „Reißt diesen Tempel nieder“, sagt

Jesus und meint dabei seinen Leib, der am Kreuz getötet wird. In drei Tagen werde er ihn wieder „aufbauen", er wird vom Tod auferstehen.

Was das bedeutet, begriffen die Apostel erst, als es geschehen war. Und wir können es begreifen, wenn wir so manche Prüfungen in unserem Leben als Läuterungen annehmen. Jesus hat sie für uns getragen. Mit ihm gibt es eine Auferstehung, ein neues Leben. So geschieht noch heute „Tempelreinigung".

4. Fastensonntag

Johannesevangelium 3,14-21

In jener Zeit sprach Jesus zu Nikodemus: Wie Mose die Schlange in der Wüste erhöht hat, so muss der Menschensohn erhöht werden, damit jeder, der an ihn glaubt, in ihm das ewige Leben hat. Denn Gott hat die Welt so sehr geliebt, dass er seinen einzigen Sohn hergab, damit jeder, der an ihn glaubt, nicht zugrunde geht, sondern das ewige Leben hat. Denn Gott hat seinen Sohn nicht in die Welt gesandt, damit er die Welt richtet, sondern damit die Welt durch ihn gerettet wird. Wer an ihn glaubt, wird nicht gerichtet; wer nicht glaubt, ist schon gerichtet, weil er an den Namen des einzigen Sohnes Gottes nicht geglaubt hat. Denn mit dem Gericht verhält es sich so: Das Licht kam in die Welt, und die Menschen liebten die Finsternis mehr als das Licht; denn ihre Taten waren böse. Jeder, der Böses tut, hasst das Licht und kommt nicht zum Licht, damit seine Taten nicht aufgedeckt werden. Wer aber die Wahrheit tut, kommt zum Licht, damit offenbar wird, dass seine Taten in Gott vollbracht sind.

Aus einem Nachtgespräch

Manche Gespräche kann man besser in der Nacht führen, wenn es draußen und drinnen still geworden ist, wenn der Wirbel des Tages sich gelegt hat. Dann gelingt es gelegentlich, ganz Wichtiges und Wesentliches zur Sprache zu bringen, tiefer zu gehen, als es im Alltag möglich ist.

Zu einem solchen Gespräch kam eines Nachts der Ratsherr Nikodemus zu Jesus. Kam er zu so später Stunde weil er fürchtete, gesehen und kritisiert zu werden, dass er mit diesem umstrittenen Jesus aus Galiläa Kontakt habe? Oder ging es ihm um die Stille der Nacht, in der er hoffen konnte, in aller Ruhe seine tiefsten Fragen Jesus vorlegen zu können? Vielleicht waren es beide Gründe, die ihn bewegten, wie ja auch wir oft aus verschiedenen Gründen handeln.

Sicher ist, dass Jesus in dieser „Nikodemusstunde" (so nennen wir heute noch solche sehr persönlichen Nachtgespräche) tief in sein eigenes Lebensgeheimnis hineinblicken lässt.

Im ersten Teil des Gesprächs (vor der heutigen Stelle) stellt Jesus von Anfang an klar: Um ans Ziel des Lebens, das „Himmelreich", zu kommen, muss man „von oben" neu geboren werden. Nikodemus versteht das erst nicht. Ein Erwachsener kann doch nicht nochmals Baby, ja Embryo werden. Trotz seiner Gelehrtheit hat der nächtliche Gast nicht begriffen, was Jesus meint. Es geht um eine Wiedergeburt, nicht um möglichst lang auf dieser Erde leben zu können, sondern um ein Leben zu bekommen, das kein Tod zerstört. Jesus sagt dem Nikodemus, dass „ewiges Leben" und der Himmel nur zu gewinnen sind, wenn wir durch eine neue Geburt gehen.

Hier setzt nun das heutige Evangelium ein, der zweite Teil des Nachtgesprächs. Wie kommen wir aus dem alten Trott unseres Lebens heraus, wie finden wir neues, ewiges Leben? Jesus sagt es mit einem Bild aus der Bibel: Einmal waren die Juden auf ihrer vierzigjährigen Wanderschaft durch die Wüste besonders rebellisch gegen Gottes Wege. Da kam eine Giftschlangenplage über sie. Viele starben. Mose machte eine Metallschlange und hängte sie auf. Wer zu ihr hinaufblickte wurde geheilt.

So sollen auch wir es tun, rät Jesus dem Nikodemus. Wenn Er einmal am Kreuz oben hängen wird, dann sollen wir zu ihm aufschauen, und dieser Blick wird uns heilen und neu lebendig machen.

Zum Kreuz aufschauen! Wie oft ist dadurch Frieden in die unruhigen Herzen gekommen, Trost in die Verzweiflung, Reue und Bereitschaft aufzustehen, neu anzufangen, weiterzugehen! Viele werden das aus eigener Erfahrung bestätigen können.

In diesem Nachtgespräch erfahren wir aber auch den Grund, warum es so sehr hilft, auf den Gekreuzigten zu schauen. In einem der schönsten Worte, die Jesus gesprochen hat, sagt er zu Nikodemus und durch ihn zu allen: Gott liebt die Welt so sehr, dass er für sie alles tut, selbst sein Kostbarstes, seinen Sohn, gibt er für uns. Darin zeigt sich, dass Gott uns nicht richten, sondern retten will. Wer das weiß und glaubt, den wird die Finsternis nicht packen, wenn alles dunkel und schwer ist. Jesus sagt seinem nächtlichen Besucher: Glaube an diese Liebe! Sie ist stärker als alles, selbst als der Tod! Wir sollten uns selber gelegentlich Zeit nehmen für eine solche Nikodemusstunde mit Jesus.

Aber an die Liebe glauben, das heißt auch dementsprechend handeln. Jesus sagt das mit dem überraschenden Wort: „die Wahrheit tun“. Worte allein genügen nicht,

Liebe muss sich im Tun zeigen. Wenn Gott so viel für uns getan hat, dass er selbst Mensch geworden ist, um uns nicht zugrunde gehen zu lassen, dann müssten auch wir ehrlich und ernsthaft so viel für einander übrig haben, wie Gott es für uns hat.

Wir sollten uns in der Fastenzeit gelegentlich selber für eine solche Nikodemusstunde in der Stille der Nacht Zeit nehmen.

5. Fastensonntag

Johannesevangelium 12,20-33

In jener Zeit traten einige Griechen, die beim Osterfest in Jerusalem Gott anbeten wollten, an Philippus heran, der aus Betsaida in Galiläa stammte, und sagten zu ihm: Herr, wir möchten Jesus sehen. Philippus ging und sagte es Andreas; Andreas und Philippus gingen und sagten es Jesus. Jesus aber antwortete ihnen: Die Stunde ist gekommen, dass der Menschensohn verherrlicht wird. Amen, amen, ich sage euch: Wenn das Weizenkorn nicht auf die Erde fällt und stirbt, bleibt es allein; wenn es aber stirbt, bringt es reiche Frucht. Wer an seinem Leben hängt, verliert es; wer aber sein Leben in dieser Welt gering achtet, wird es bewahren bis ins ewige Leben. Wenn einer mir dienen will, folge er mir nach; und wo ich bin, dort wird auch mein Diener sein. Wenn einer mir dient, wird der Vater ihn ehren. Jetzt ist meine Seele erschüttert. Was soll ich sagen: Vater, rette mich aus dieser Stunde? Aber deshalb bin ich in diese Stunde gekommen. Vater, verherrliche deinen Namen! Da kam eine Stimme vom Himmel: Ich habe ihn schon verherrlicht und werde ihn wieder verherrlichen. Die Menge, die dabeistand und das hörte, sagte: Es hat gedonnert. Andere sagten: Ein Engel hat zu ihm geredet. Jesus antwortete und sagte: Nicht mir galt diese Stimme, sondern euch. Jetzt wird Gericht gehalten über diese Welt; jetzt wird der Herrscher dieser Welt hinausgeworfen werden. Und ich, wenn ich über die Erde erhöht bin, werde alle zu mir ziehen. Das sagte er, um anzudeuten, auf welche Weise er sterben werde.

Stirb und lebe, Weizenkorn!

Ostern ist nahe. Man merkt es an der Frühlingsluft, aber auch am heutigen Evangelium. Schon ziehen die Pilger zum jüdischen Osterfest nach Jerusalem hinauf. Selbst Sympathisanten des Judentums sind unter ihnen, wie die Griechen, von denen heute die Rede ist.

Ostern war immer eine Zeit höchster Spannung, denn nach jüdischem Glauben sollte der Messias, der ersehnte Retter, sich in Jerusalem an einem Osterfest offenbaren. Und viele stellten sich in diesem Jahr die Frage, ob Jesus von Nazaret, der Umstrittene, nicht doch der Messias sein könnte.

Jesus lehnt diese gespannte Erwartung nicht ab, er wendet sie nur völlig um. Ja, die Stunde ist gekommen, er wird zeigen, dass er der Messias, der Retter ist, aber ganz anders als erwartet. Vor ihm liegt nicht ein glänzender Erfolg, sondern die Stunde seines Todes. Aber sein Untergang, seine scheinbare Niederlage, wird sein eigentlicher Sieg sein.

Ein einfaches Bild aus der Natur zeigt, dass Fruchtbarkeit nur durch völligen Verlust zu gewinnen ist: Das Weizenkorn bleibt allein, wenn es nicht in der Erde „stirbt", um so einen ährenreichen Halm hervorzubringen. Jesus leitet daraus ein Grundgesetz des menschlichen Lebens ab: Wer nur ängstlich an sich hält und auf sich selber schaut, wird vereinsamen, dürr und unfruchtbar bleiben. Wer sein Leben einsetzt, dessen Leben wird erfüllt und gesegnet sein.

Aber diese Haltung macht auch Angst. Loslassen ist unheimlich, und wenn der Einsatz sogar das Leben fordern kann, dann löst das Panik aus. Jesus hat das in vollem Maß erlebt. Hier schon, einige Tage vor dem Drama der Kreuzigung, ist zu spüren, dass Jesus im Innersten „erschüttert" ist. Die Versuchung zu fliehen hat er wohl gekannt. Aber Jesus weiß, dass Gott, sein Vater, ihm den Auftrag gegeben hat, nicht zu flüchten, sondern sein Leben zu geben. Wie bei der Taufe Jesu im Jordan bestätigt auch jetzt eine Himmelsstimme, dass genau das Gottes Plan für unsere Rettung ist. Wie das kleine Weizenkorn soll Jesus sterben, um viele, viele Körner hervorzubringen.

Was schon damals schwer begreiflich war, ist es bis heute geblieben: warum das Leid, das Kreuz und der Tod? Aber warum soll es bei uns ganz anders sein als in der Natur, wo es ohne Sterben kein neues Leben gibt? Und erst recht wird es bei Jesus so sein. Sein Sterben am Kreuz wird vielen Leben bringen. Dann werden auch wir im Blick auf das Kreuz zum Loslassen, ja letztlich zum eigenen Sterben ja sagen können, denn es ist das Tor zu neuem Leben.

Palmsonntag

Markusevangelium 11,1-10

Es war einige Tage vor dem Osterfest. Als sie in die Nähe von Jerusalem kamen, nach Betfage und Betanien am Ölberg, schickte Jesus zwei seiner Jünger voraus. Er sagte zu ihnen: Geht in das Dorf, das vor uns liegt; gleich wenn ihr hineinkommt, werdet ihr einen jungen Esel angebunden finden, auf dem noch nie ein Mensch gesessen hat. Bindet ihn los, und bringt ihn her! Und wenn jemand zu euch sagt: Was tut ihr da?, dann antwortet: Der Herr braucht ihn; er lässt ihn bald wieder zurückbringen. Da machten sie sich auf den Weg und fanden außen an einer Tür an der Straße einen jungen Esel angebunden, und sie banden ihn los. Einige, die dabeistanden, sagten zu ihnen: Wie kommt ihr dazu, den Esel loszubinden? Sie gaben ihnen zur Antwort, was Jesus gesagt hatte, und man ließ sie gewähren. Sie brachten den jungen Esel zu Jesus, legten ihre Kleider auf das Tier, und er setzte sich darauf. Und viele breiteten ihre Kleider auf der Straße aus; andere rissen auf den Feldern Zweigen von den Büschen ab und streuten sie auf den Weg. Die Leute, die vor ihm hergingen und die ihm folgten, riefen: Hosanna! Gesegnet sei er, der kommt im Namen des Herrn! Gesegnet sei das Reich unseres Vaters David, das nun kommt. Hosanna in der Höhe!

Der Friedenskönig kommt!

Wallfahrer kennen das: die Freude, wenn man zum ersten Mal das ersehnte Ziel des oft langen und beschwerlichen Weges sieht. In Santiago de Compostela heißt dieser Punkt „Freudenberg" (Monte Gozo). Wer Hunderte Kilometer gepilgert ist, erlebt diese Freude besonders stark. Aber auch schon nach drei, vier Tagen Gehen nach Mariazell spürt man sie, wenn die Türme der Basilika auftauchen.

Die Pilger nach Jerusalem hatten dieses Erlebnis, wenn sie am Ölberg angelangt plötzlich Jerusalem vor sich sahen und besonders den prachtvollen Tempel dort, wo heute der Felsendom steht. Von Kindheit an ist Jesus oft über diese Stelle gegangen, hat dort mit den Pilgern innegehalten, die Freudenpsalmen gesungen.

Heute ist es anders. Jesus „inszeniert" selber seinen Einzug in Jerusalem, nach einem genauen „Regieplan". Er lässt sich einen jungen Esel holen. Erstaunlich – aber seine Jünger haben schon so viel Erstaunliches mit ihm erlebt –, dass er genau weiß, wo sie den Esel finden werden, den er sich ausborgt, und dass alles so läuft wie er es voraussagt. Ebenso wird es ja einige Tage später sein, als man ihn gefangen nimmt, verurteilt, misshandelt und kreuzigt. Auch das hat er mehrmals genau vorhergesagt, auch, dass es nicht dabei bleiben wird; dass er nach drei Tagen vom Tod auferstehen wird.

Warum ein Esel? Warum nicht zu Fuß, wie sonst immer? Warum nicht „hoch zu Ross", wie es sich nur die Reichen und die Römer leisten konnten? Das Zeichen war klar: Bei einem Propheten stand folgende Verheißung: „Jauchze, Tochter Jerusalem! Denn dein König kommt zu dir. Er ist gerecht und hilft; er ist bescheiden und reitet auf einem

Esel. (...) Er verkündet für die Völker den Frieden; seine Herrschaft reicht von Meer zu Meer“ (Sach 9,9-10). Der sehnsüchtig erwartete Friedenskönig, der Messias, werde, so schaute es der Prophet, den Kriegen ein Ende setzen und das Königreich Davids wieder herstellen.

Jesus sagt schlicht und gerade heraus, dass er der Ersehnte ist. Nicht mit Militärmacht, sondern auf einem Esel reitend zieht er in seine Königsstadt Jerusalem ein. So verstehen wir den Jubel der Menschen. Alle Hoffnung richtet sich auf ihn. So verstehen wir aber auch die Enttäuschung, die sich bald breit macht. Denn Jesus kommt nicht ein neues politisches Königsreich aufzurichten, sondern das Reich Gottes. Bei vielen wird die Enttäuschung in Wut umschlagen. Am Karfreitag werden sie „ans Kreuz mit ihm“ schreien.

Jesus kommt nicht, um zu zwingen und zu überwältigen. Er will nicht die politische Macht, sondern die Herzen gewinnen. Bescheiden zieht er in Jerusalem ein, und so will er bis heute zu uns kommen. Oft fragen wir uns, warum Gott das alles zulässt: Krieg, Krankheit und so viel Leid? Er hat doch die (All-) Macht, dreinzuschlagen, Ordnung zu machen. Er wollte aber seine Macht anders zeigen, und es fällt uns nicht leicht, dazu Ja zu sagen: Er will uns von der Wurzel her heil machen, durch die Umkehr zu Gott, die Abkehr vom Bösen, durch die Macht der Liebe. Das ist sein Friedensplan, der einzige, der wirklich hält. Unterzeichnet hat ihn Jesus am Kreuz. Dafür zieht er in Jerusalem ein. Und das ist bis heute Grund zur Freude.

Karfreitag

Aus der Johannespassion 19,17-30

Jesus trug sein Kreuz und ging hinaus zur so genannten Schädelhöhe, die auf Hebräisch Golgota heißt. Dort kreuzigten sie ihn und mit ihm zwei andere, auf jeder Seite einen, in der Mitte Jesus. Pilatus ließ auch ein Schild anfertigen und oben am Kreuz befestigen; die Inschrift lautete: Jesus von Nazaret, der König der Juden. Dieses Schild lasen viele Juden, weil der Platz, wo Jesus gekreuzigt wurde, nahe bei der Stadt lag. Die Inschrift war hebräisch, lateinisch und griechisch abgefasst. Die Hohenpriester der Juden sagten zu Pilatus: Schreib nicht: Der König der Juden, sondern dass er gesagt hat: Ich bin der König der Juden. Pilatus antwortete: Was ich geschrieben habe, habe ich geschrieben. Nachdem die Soldaten Jesus ans Kreuz geschlagen hatten, nahmen sie seine Kleider und machten vier Teile daraus, für jeden Soldaten einen. Sie nahmen auch sein Untergewand, das von oben her ganz durchgewebt und ohne Naht war. Sie sagten zueinander: Wir wollen es nicht zerteilen, sondern darum losen, wem es gehören soll. So sollte sich das Schriftwort erfüllen: Sie verteilten meine Kleider unter sich und warfen das Los um mein Gewand. Dies führten die Soldaten aus. Bei dem Kreuz Jesu standen seine Mutter und die Schwester seiner Mutter, Maria, die Frau des Klopas, und Maria von Magdala. Als Jesus seine Mutter sah und bei ihr den Jünger, den er liebte, sagte er zu seiner Mutter: Frau, siehe, dein Sohn! Dann sagte er zu dem Jünger: Siehe, deine Mutter! Und von jener Stunde an nahm sie der Jünger zu sich. Danach, als Jesus wusste, dass nun alles vollbracht war, sagte er, damit sich die Schrift erfüllte: Mich dürstet. Ein Gefäß mit Essig stand da. Sie steckten einen Schwamm mit Essig auf einen Ysopzweig und hielten ihn an seinen Mund. Als Jesus von dem Essig genommen hatte, sprach er: Es ist vollbracht! Und er neigte das Haupt und gab seinen Geist auf.

Ein Blick wie kein anderer

„Dort kreuzigten sie ihn.“ Ohne irgendeine Ausschmückung, ohne auch nur mit einem Wort das Grauenhafte dieses Geschehens zu beschreiben stellt Johannes die Tatsache hin: Sie kreuzigten ihn.

Wie kann das Menschenherz sich solche Grausamkeit ausdenken?

Tausende wurden damals im ganzen römischen Reich durch Kreuzigung hingerichtet: Sklaven, Verbrecher, Aufständische, und einer unter ihnen war dieser Jesus aus Nazaret, der von sich sagte, er sei der König der Juden.

Was geht im Menschenherzen vor, dass es fähig ist, andere, die den Schmerz genauso spüren wie ich, dermaßen brutal zu Tode zu quälen? Wie dieser Tod vor sich ging kann man bis ins Einzelne genau an dem rätselhaften Tuch ablesen, das in Turin aufbewahrt wird. Geiselspuren, Nagelwunden, Blut am Kopf wohl von einen Dornenkranz, ein geschwollenes und zerschlagenes Gesicht und schließlich ein breiter Blutausfluss aus einer tiefen Wunde im Brustkorb.

Das Bild des Gekreuzigten auf dem Turiner Grabtuch ist bisher in seiner Entstehung wissenschaftlich nicht zu klären, aber es ist ein erschütterndes Zeugnis von dem, was hinter dem so knappen Satz „dort kreuzigten sie ihn“ an Qual und Todesnot steht.

Johannes, der das niederschrieb, war Augenzeuge. Die anderen Apostel waren alle geflüchtet, in Angst und Panik. Er, „der Jünger, den Jesus liebte“ (so nennt er sich selber, Joh 19,26; 20,2), war bei Jesus geblieben. Über die Qualen der Kreuzigung brauchte er seinen Zeitgenossen nichts zu sagen. Alle wussten Bescheid. Er konnte sich ganz auf das beschränken, was diesen Gekreuzigten von allen unterschied.

Die Tafel über dem Gekreuzigten sagte, wer er wirklich war: der König der Juden, der Verheißene, der Messias, Retter, Erlöser seines Volkes. Pilatus ließ es sich nicht nehmen, das zu schreiben. Wollte er die jüdischen Ankläger Jesu damit ärgern, oder war er doch im Innersten von der Frage bewegt, ob Jesus wirklich der sei, der er sagte? Alte Legenden sagen, Pilatus sei sein Leben lang nicht mehr von dieser Frage losgekommen. Bis an sein Ende habe ihm dieser Angeklagte vor Augen gestanden, den er damals zum Tod verurteilt hatte, obwohl er im Gewissen wusste, dass er unschuldig war. Nie konnte er seine Worte, sein Schweigen und vor allem seinen Blick vergessen, diesen Blick ohne eine Spur von Verurteilung oder Verachtung, der doch ins Innerste der Seele eindrang, der ihn durch und durch erkannte: der Blick Jesu!

Dieser Blick hat auch Johannes getroffen und die Mutter Jesu, die das unbeschreibliche Leid aushielt, ihren Sohn ans Kreuz genagelt mit dem Tod ringen zu sehen. Jesus sorgt für beide, die Mutter soll seinen geliebten Johannes wie ihren Sohn annehmen und er sie wie seine Mutter. Und so blieb es von diesem Moment an, der wie ein Testament Jesu war.

Im wörtlichen wie im bildlichen Sinn können wir sagen: Jesus schaut auf seine Mutter. Er sorgt für sie, und zugleich beauftragt er sie, auf seinen Lieblingsjünger zu schauen. Sie hat das wörtlich genommen und schaut seither auf alle Menschenkinder, für die ihr Sohn das qualvolle Sterben auf sich genommen hat. Und da Jesus für alle Menschen gestorben ist, schaut sie seither auf alle Menschen. Es tut gut, das zu wissen.

Ostersonntag

Johannesevangelium 20,1-18

Am ersten Tag der Woche kam Maria von Magdala frühmorgens, als es noch dunkel war, zum Grab und sah, dass der Stein vom Grab weggenommen war. Da lief sie schnell zu Simon Petrus und dem Jünger, den Jesus liebte, und sagte zu ihnen: Man hat den Herrn aus dem Grab weggenommen, und wir wissen nicht, wohin man ihn gelegt hat. Da gingen Petrus und der andere Jünger hinaus und kamen zum Grab; sie liefen beide zusammen dorthin, aber weil der andere Jünger schneller war als Petrus, kam er als Erster ans Grab. Er beugte sich vor und sah die Leinenbinden liegen, ging aber nicht hinein. Da kam auch Simon Petrus, der ihm gefolgt war, und ging in das Grab hinein. Er sah die Leinenbinden liegen und das Schweißtuch, das auf dem Kopf Jesu gelegen hatte; es lag aber nicht bei den Leinenbinden, sondern zusammengebunden daneben an einer besonderen Stelle. Da ging auch der andere Jünger, der zuerst an das Grab gekommen war, hinein; er sah und glaubte. Denn sie wussten noch nicht aus der Schrift, dass er von den Toten auferstehen musste. Dann kehrten die Jünger wieder nach Hause zurück.

Maria aber stand draußen vor dem Grab und weinte. Während sie weinte, beugte sie sich in die Grabkammer hinein. Da sah sie zwei Engel in weißen Gewändern sitzen, den einen dort, wo der Kopf, den anderen dort, wo die Füße des Leichnams Jesu gelegen hatten. Die Engel sagten zu ihr: Frau, warum weinst du? Sie antwortete ihnen: Man hat meinen Herrn weggenommen, und ich weiß nicht, wohin man ihn gelegt hat. Als sie das gesagt hatte, wandte sie sich um und sah Jesus dastehen, wusste aber nicht, dass es Jesus war. Jesus sagte zu ihr: Frau, warum weinst du? Wen suchst du? Sie meinte, es sei der Gärtner, und sagte zu ihm: Herr, wenn du ihn weggebracht hast, sag mir, wohin du ihn gelegt hast. Dann will ich ihn holen. Jesus sagte zu ihr: Maria! Da wandte sie sich ihm zu und sagte auf hebräisch zu ihm: Rabbuni!, das heißt: Meister. Jesus sagte zu ihr: Halte mich nicht fest; denn ich bin noch nicht zum Vater hinaufgegangen. Geh aber zu meinen Brüdern, und sag ihnen: Ich gehe hinauf zu meinem Vater und zu eurem Vater, zu meinem Gott und zu eurem Gott. Maria von Magdala ging zu den Jüngern und verkündete ihnen: Ich habe den Herrn gesehen. Und sie richtete aus, was er ihr gesagt hatte.

Frau, warum weinst du?

Wo waren sie, die Herren Apostel? Alle, mit einer Ausnahme, waren sie davongerannt, hatten ihren Meister im Stich gelassen, als er verhaftet und verurteilt wurde, als er mit dem Marterholz beladen zur Kreuzigung getrieben wurde. Nur der Jüngste von ihnen, Johannes, war bei ihm geblieben, mit Maria, der Mutter Jesu, und einigen Frauen, vor allem jener Maria aus Magdala, die er aus ihrem sündigen Leben herausgeholt hatte.

Alle waren sie weg, aus Angst und Panik irgendwo versteckt. Und hätte sich nicht ein gewisser Josef von Arimathäa um seinen Leichnam gekümmert, die Apostel hätten Jesus am Kreuz hängen lassen und er wäre schließlich im Massengrab gelandet wie die anderen Gekreuzigten.

Die Frauen haben sich weit besser bewährt, zuerst seine Mutter, die in der Stunde seiner Todesqual bei ihm aushielt. Aber auch die anderen Frauen aus Galiläa ließen sich nicht von der Angst um ihr menschliches Mitgefühl bringen. Unter ihnen sticht besonders die aus Magdala hervor.

Vor Sonnenaufgang ist sie schon beim Grab. Sie erschrickt. Der schwere Stein ist weggerollt, die Grabkammer ist leer. Sie läuft zu den Aposteln, zwei von ihnen rennen hin, sehen dasselbe – und gehen wieder weg, ratlos wie zuvor.

Sie aber bleibt. Sie weint. Sie findet sich nicht ab, sie sucht ihn. Die Liebe gibt nicht auf und läuft nicht weg. Sie bleibt. Und so wird sie der erste Mensch, der Jesus sieht, nicht mehr als Toten, sondern lebendig.

Der Ostermorgen ist der wichtigste Tag der Geschichte. Denn in dieser Nacht ist Christus von den Toten auferstanden. Seit dem Ostermorgen ist das unerbittliche Gesetz des Todes durchbrochen, ist das Sterben nicht mehr Endstation. Nie mehr wird der Tod das letzte Wort haben.

Aber dieser schönste aller Morgen beginnt nicht mit einem Paukenschlag. Keine Massenmedien sind da, keine Menschenmenge, nur eine weinende Frau. Und der mächtige Sieger über den Tod findet als erstes Wort der neuen Zeit nur die schlichte Frage menschlichen Mitgefühls: „Frau, warum weinst du?" Seine erste Sorge nach der Auferstehung ist es, zu trösten. Einmal wird die Zeit kommen, da wird Gott alle Tränen abwischen. Am Ostermorgen hat diese Zeit begonnen.

„Maria!", redet er sie an, und da erkennt sie ihn: Er ist es! Er lebt! Und seit diesem Ostermorgen hat Er Unzählige beim Namen gerufen, auch seine ängstlichen Apostel, die er trotz allem „meine Brüder" nennt. Und ich wage es zu sagen: auch mich. Ich weiß, dass Er lebt, dass Er auch meine Tränen trocknet.

Seither hat Er Unzählige geschickt, diese freudige Nachricht weiterzugeben. Auch ich darf heute mit diesem Ostergruß zu Ihnen kommen.

2. Ostersonntag (Weißer Sonntag)

Johannesevangelium 20,19-31

Am Abend dieses ersten Tages der Woche, als die Jünger aus Furcht vor den Juden die Türen verschlossen hatten, kam Jesus, trat in ihre Mitte und sagte zu ihnen: Friede sei mit euch! Nach diesen Worten zeigte er ihnen seine Hände und seine Seite. Da freuten sich die Jünger, dass sie den Herrn sahen. Jesus sagte noch einmal zu ihnen: Friede sei mit euch! Wie mich der Vater gesandt hat, so sende ich euch. Nachdem er das gesagt hatte, hauchte er sie an und sprach zu ihnen: Empfangt den Heiligen Geist! Wem ihr die Sünden vergebt, dem sind sie vergeben; wem ihr die Vergebung verweigert, dem ist sie verweigert.

Thomas, genannt Didymus (Zwilling), einer der Zwölf, war nicht bei ihnen, als Jesus kam. Die anderen Jünger sagten zu ihm: Wir haben den Herrn gesehen. Er entgegnete ihnen: Wenn ich nicht die Male der Nägel an seinen Händen sehe und wenn ich meinen Finger nicht in die Male der Nägel und meine Hand nicht in seine Seite lege, glaube ich nicht.

Acht Tage darauf waren seine Jünger wieder versammelt, und Thomas war dabei. Die Türen waren verschlossen. Da kam Jesus, trat in ihre Mitte und sagte: Friede sei mit euch! Dann sagte er zu Thomas: Streck deinen Finger aus – hier sind meine Hände! Streck deine Hand aus und leg sie in meine Seite, und sei nicht ungläubig, sondern gläubig! Thomas antwortete ihm: Mein Herr und mein Gott! Jesus sagte zu ihm: Weil du mich gesehen hast, glaubst du. Selig sind, die nicht sehen und doch glauben. Noch viele andere Zeichen, die in diesem Buch nicht aufgeschrieben sind, hat Jesus vor den Augen seiner Jünger getan. Diese aber sind aufgeschrieben, damit ihr glaubt, dass Jesus der Messias ist, der Sohn Gottes, und damit ihr durch den Glauben das Leben habt in seinem Namen.

Maßlos barmherzig

Łagiewniki ist ein Vorort von Krakau. Dort starb 1938 eine einfache Ordensschwester, Faustyna Kowalska war ihr Ordensname (1905-1938). Sie war erst 33 Jahre alt, ohne besondere Bildung, mit unscheinbaren Arbeiten im Kloster betraut.

Aber sie hatte „mystische Gnaden“, eine besondere Verbundenheit mit Christus, und „Einsprechungen“, Botschaften des Himmels, die sie weiterzugeben hatte. Der Kern davon war die Botschaft von Gottes unfassbarer, grenzenloser Barmherzigkeit. Dies soll allen Menschen gesagt und der leidgeplagten Menschheit nahegebracht werden.

Papst Johannes Paul II. sagte in Łagiewniki, in der großen neuen Kirche, er wolle, dass diese Botschaft alle Menschen erreiche. Im Jahr 2000 hatte er Schwester Faustyna in Rom heilig gesprochen.

Warum ich das gerade heute erwähne? Weil Sr. Faustyna immer wieder als Botschaft des Himmels die Aufforderung erhielt, zu sagen, der Sonntag nach Ostern, der sogenannte „weiße Sonntag" solle als „Fest der Barmherzigkeit" gefeiert werden. Und tatsächlich hat der Heilige Vater den „weißen Sonntag" des großen Jubiläumsjahres 2000, zum ersten Mal als „Sonntag der Barmherzigkeit" gefeiert.

Was aber hat das alles mit dem Zweifler Thomas zu tun, der nur zu glauben bereit ist, was er mit seinen Augen und seine Händen „be-greifen" kann? Er hat ja viele Sympathisanten, der Apostel, der seine Schwierigkeiten mit dem Glauben so offenherzig zugibt. So trauen auch wir uns, sie zu benennen.

Ich frage mich oft, ob nicht die häufigste Schwierigkeit die ist, an Gottes Barmherzigkeit zu glauben. „Sei nicht ungläubig, sondern gläubig!", sagt Jesus zum Apostel Thomas. Glauben, dass Gott mich so sehr liebt, dass ihm sein Kostbarstes nicht zu schade ist für mich: sein eigener Sohn, glauben, dass Gott mich wirklich nicht verachtet und verurteilt, weil ich so viele Fehler habe, dass ich mich oft selber nicht mag und ertrage; glauben, dass Gottes Barmherzigkeit größer ist als all unser Versagen – das wollte Jesus durch Sr. Faustyna allen Menschen sagen. Das ist seine frohe Botschaft. Sie bringt den Frieden, den Jesus am Osterabend seinen Jüngern gewünscht hat. Das will Jesus, der Auferstandene, von seinen Aposteln: dass sie den Frieden seiner

Barmherzigkeit zu allen Menschen, zu allen Völkern bringen. Und dazu hat er ihnen das schönste Ostergeschenk mitgebracht: „Wem ihr die Sünden vergebt, dem sind sie vergeben."

Was haben wir zu tun? „Selig, die nicht sehen und doch glauben." Glücklich, wer Jesus völlig vertraut, wer in seiner Barmherzigkeit Zuflucht findet. Sie ist unerschöpflich!

3. Sonntag der Osterzeit

Lukasevangelium 24,35-48

Die beiden Jünger, die von Emmaus zurückgekehrt waren, erzählten den Elf und den anderen Jüngern, was sie unterwegs erlebt und wie sie ihn erkannt hatten, als er das Brot brach. Während sie noch darüber redeten, trat er selbst in ihre Mitte und sagte zu ihnen: Friede sei mit euch! Sie erschraken und hatten große Angst, denn sie meinten, einen Geist zu sehen. Da sagte er zu ihnen: Was seid ihr so bestürzt? Warum lasst ihr in eurem Herzen solche Zweifel aufkommen? Seht meine Hände und meine Füße an: Ich bin es selbst. Fasst mich doch an, und begreift: Kein Geist hat Fleisch und Knochen, wie ihr es bei mir seht. Bei diesen Worten zeigte er ihnen seine Hände und Füße. Sie staunten, konnten es aber vor Freude immer noch nicht glauben. Da sagte er zu ihnen: Habt ihr etwas zu essen hier? Sie gaben ihm ein Stück gebratenen Fisch; er nahm es und aß es vor ihren Augen. Dann sprach er zu ihnen: Das sind die Worte, die ich zu euch gesagt habe, als ich noch bei euch war: Alles muss in Erfüllung gehen, was im Gesetz des Mose, bei den Propheten und in den Psalmen über mich gesagt ist. Darauf öffnete er ihnen die Augen für das Verständnis der Schrift. Er sagte zu ihnen: So steht es in der

3. Sonntag der Osterzeit

Schrift: Der Messias wird leiden und am dritten Tag von den Toten auferstehen, und in seinem Namen wird man allen Völkern, angefangen in Jerusalem, verkünden, sie sollen umkehren, damit ihre Sünden vergeben werden. Ihr seid Zeugen dafür.

Thema Nummer eins: Auferstehung

Durch fünfzig Tage, von Ostern bis Pfingsten, Sonntag für Sonntag nur ein einziges großes Thema: die Auferstehung Jesu; und dann weiter: Sonntag für Sonntag, das ganze Jahr hindurch, wieder dieses eine Thema: die Auferstehung Jesu.

Jeder Sonntag ist sozusagen ein Osterfest. Was den Sonntag zum Sonntag gemacht hat, war dieses einmalige Geschehen, dass Jesus von den Toten auferstanden ist. Das zeichnet diesen Tag vor allen Wochentagen aus.

Nicht als „Wochenende“ gilt der Sonntag im christlichen Verständnis, sondern als der erste Tag der Woche. Denn mit der Auferstehung fängt eine neue Zeit, ein neues Leben an.

Aber haben wir heute dafür ein Gespür? Warum ist die Auferstehung das Thema Nummer eins des christlichen

Glaubens? Und warum stieß dieses Thema von Anfang an auf so viel Unverständnis und Widerspruch, auf Spott und Ablehnung? Woran lag das? Das heutige Evangelium nennt uns sehr genau die beiden Hauptschwierigkeiten mit dem Glauben an die Auferstehung.

Als Jesus an dem Abend des Tages seiner Auferstehung aus dem Grab, diesem ersten aller Sonntage, plötzlich inmitten der Apostel erschien, war die spontane Reaktion nicht Friede und Freude, sondern Angst und Entsetzen. Sie können es nicht fassen, sie zweifeln, und erst kräftige Zeichen wie das Anfassen seines Leibes, das Zusehen, wie er vor ihren Augen isst, lassen Freude in ihnen aufkommen.

Die erste Schwierigkeit ist und bleibt diese: wozu eine leibliche Auferstehung? Leben wir nicht nach dem Tod sowieso (irgendwie) weiter? Wozu noch einmal einen Leib bekommen, und wenn schon, was für ein Leib soll das sein? Es wundert nicht, dass so viele am Sinn der Auferstehung des Leibes zweifeln, die durchaus ein Weiterleben nach dem Tod annehmen.

Aber gerade dafür sollen die Apostel damals und die Christen bis heute Zeugen sein. Jesus wollte, dass diese frohe Botschaft zu allen Völkern gebracht wird.

Freudig ist die Nachricht von der Auferstehung Jesu aber erst im Zusammenhang mit der zweiten Schwierigkeit. Sie war und ist bis heute der große Stein des Anstoßes. Es ist die Tatsache, dass vor der Auferstehung Jesu sein Kreuzestod liegt, vor Ostern der Karfreitag. Sinnlos, als blanke Schrecklichkeit erschien den Aposteln, dass ihr Meister den grauenvollen Tod am Kreuz erlitten hat. Es war der Zusammenbruch aller Hoffnungen, die totale Enttäuschung. Und nun kommt Jesus und zeigt ihnen geduldig, dass es so sein musste, dass dies Gottes Plan und nicht nur menschliche Grausamkeit war.

Das Kreuz war nicht ein Unfall, kein unglücklicher Zufall, sondern der Weg, den Gott selber gewählt hat, um allen Menschen die Befreiung von der Last ihrer Sünden zu schenken.

Am Ostermorgen ist Jesus aus dem Grab auferstanden. Gott hat bestätigt: sein Tod am Kreuz war kein sinnloses Sterben. Sein Leiden war nicht vergeblich. Dann ist aber auch mein Leiden nicht vergeblich. Wenn sein Kreuz der Weg zum neuen Leben war, dann kann auch mein Kreuz der Durchgang zu meiner Auferstehung sein. Jesus, öffne auch mir die Augen, dass ich das verstehe!

4. Sonntag der Osterzeit

Johannesevangelium 10,11-18

In jener Zeit sprach Jesus: Ich bin der gute Hirt. Der gute Hirt gibt sein Leben hin für die Schafe. Der bezahlte Knecht aber, der nicht Hirt ist und dem die Schafe nicht gehören, lässt die Schafe im Stich und flieht, wenn er den Wolf kommen sieht; und der Wolf reißt sie und jagt sie auseinander. Er flieht, weil er nur ein bezahlter Knecht ist und ihm an den Schafen nichts liegt. Ich bin der gute Hirt; ich kenne die Meinen und die Meinen kennen mich, wie mich der Vater kennt und ich den Vater kenne; und ich gebe mein Leben hin für die Schafe. Ich habe noch andere Schafe, die nicht aus diesem Stall sind; auch sie muss ich führen und sie werden auf meine Stimme hören; dann wird es nur eine Herde geben und einen Hirten. Deshalb liebt mich der Vater, weil ich mein Leben hingebe, um es wieder zu nehmen. Niemand entreißt es mir, sondern ich gebe es aus freiem Willen hin. Ich habe Macht, es hinzugeben, und ich habe Macht, es wieder zu nehmen. Diesen Auftrag habe ich von meinem Vater empfangen.

Hirte wie keiner

Auf alten Photos meiner böhmischen Heimat sah ich unseren Schafhirten, mit seinem weitkrempigen Hut, seinem Lodenmantel, an einen Baum gelehnt, einen Wollstrumpf strickend. Daneben der Schäferhund, rundherum die Schafherde: Ein Bild aus einer vergangenen Welt, nicht wesentlich anders als zur Zeit Jesu. Nur die Wölfe, von denen Jesus spricht, die die Herden rissen, gab es damals bereits nicht mehr in unseren Landen. In den kalten Wintern der Zwanzigerjahre hatte man sie das letzte Mal erlebt.

Ich kenne das alles nur mehr aus den Erzählungen der Alten, von vergilbten Photos. Ist das Bild vom guten Hirten deshalb für uns heutige Menschen unverständlich geworden? Ich glaube nicht. Ich glaube, die Worte Jesu vom guten Hirten berühren heute noch genauso die Seele, auch wenn der Schafhirt mit seiner Herde ein seltenes Bild geworden ist. Vielleicht liegt es daran, dass der gute, sorgende Hirte eine Art „Urbild der Seele“ ist. Es liegt wohl auch an der Kraft der Worte Jesu selbst. Nicht der Hirte verdeutlicht, was Jesus sagt, sondern umgekehrt: Jesus macht erst spürbar, was wirklich an seelischer Kraft im Bild des guten Hirten liegt. Denn keiner ist Hirte wie Er.

„Der gute Hirte gibt sein Leben hin für die Schafe.“ An diesem Bild berührt das Gefühl von Geborgenheit. Diesem Hirten sind seine Schafe so wichtig wie sein eigenes Leben, ja noch wichtiger. Wenn es ernst wird, rennt er nicht davon, lässt er die Seinen nicht im Stich, um sich selber in Sicherheit zu bringen und die eigene Haut zu retten. Wer einen solchen Hirten hat, der kann sich in Sicherheit wissen.

Wie sehr brauchen wir alle solche Menschen, die nicht nur an sich und ihr eigenes Wohlergehen denken. Wie sehr brauchen Kinder solche Eltern, Mitarbeiter solche Chefs, Gläubige solche Priester und Bischöfe. Wie sehr brauchen wir Menschen, die ihren Dienst nicht nur als „Job", sondern als „Hirtensorge" leben.

Der gute Hirt lässt seine Herde nicht im Stich, wenn es „brenzlig" wird, wenn der Wolf die Herde bedroht. Zur Hirtenaufgabe gehört auch die Bereitschaft, sich dem Bösen, Schädlichen entgegenzustellen; die Dinge nicht einfach laufen zu lassen, nur um unangenehme Schritte zu vermeiden.

Eltern sind „gute Hirten", wenn sie nicht einfach alles durchgehen lassen, negative Einflüsse abwehren. Auch von den „Hirten der Kirche" erwartet Christus, der „Oberhirte", dass sie den Mut haben, nicht zu allem „Ja und Amen" zu sagen, nur um nicht anzuecken. Jesus hat das Beispiel gegeben, dass der Hirt die Seinen schützen muss, auch um den Preis, sich unbeliebt zu machen.

„Ich kenne die meinen und die meinen kennen mich." Der Hirt kennt seine Herde und sie kennt ihn. Wir spüren meist sehr bald, ob es einem Hirten um uns oder um sich selber geht. Nicht die Strenge der Eltern tut den Kindern weh, sondern das Gefühl, dass sie ihnen nicht wichtig sind. Es berührt zutiefst, wenn wir Menschen begegnen, die solche Hirten sind. Und Gott sei Dank gibt es sie, in der Familie, im Berufsleben, in der Politik, in der Kirche. Sie vermitteln, was wir so sehr brauchen: Geborgenheit und Zuversicht. Ihnen gilt es zu danken. Keiner aber ist mehr ein solcher Hirt als Jesus selbst. Keiner liebt uns so wie Er. Nur Er ist ganz und gar „der gute Hirt".

5. Sonntag der Osterzeit

Johannesevangelium 15,1-8

In jener Zeit sprach Jesus zu seinen Jüngern: Ich bin der wahre Weinstock, und mein Vater ist der Winzer. Jede Rebe an mir, die keine Frucht bringt, schneidet er ab, und jede Rebe, die Frucht bringt, reinigt er, damit sie mehr Frucht bringt. Ihr seid schon rein durch das Wort, das ich zu euch gesagt habe. Bleibt in mir, dann bleibe ich in euch. Wie die Rebe aus sich keine Frucht bringen kann, sondern nur, wenn sie am Weinstock bleibt, so könnt auch ihr keine Frucht bringen, wenn ihr nicht in mir bleibt. Ich bin der Weinstock, ihr seid die Reben. Wer in mir bleibt und in wem ich bleibe, der bringt reiche Frucht; denn getrennt von mir könnt ihr nichts vollbringen. Wer nicht in mir bleibt, wird wie die Rebe weggeworfen, und er verdorrt. Man sammelt die Reben, wirft sie ins Feuer, und sie verbrennen. Wenn ihr in mir bleibt und wenn meine Worte in euch bleiben, dann bittet um alles, was ihr wollt: Ihr werdet es erhalten. Mein Vater wird dadurch verherrlicht, dass ihr reiche Frucht bringt und meine Jünger werdet.

Der wahre Weinstock

Für die Menschen meiner Weinviertler Wahlheimat Retz (Niederösterreich) ist das heutige Evangelium leicht verständlich und ganz anschaulich. Wer kennt da nicht die Arbeit des Weingärtners, der viele Triebe stutzen oder wegschneiden muss, damit der Weinstock gute Frucht trägt. Wer kennt da nicht das Bild der abgeschnittenen Rebzweige, die gesammelt und verbrannt werden. Früher hat man sie gebündelt und klein geschnitten, um sie zum Anheizen des Herdes oder des Ofens zu verwenden. Jeder weiß: sobald der Rebzweig abgeschnitten ist, verdorrt er. Anschaulicher kann es Jesus nicht sagen: Getrennt von mir, dem wahren Weinstock, könnt ihr so wenig etwas hervorbringen wie ein verrottender Rebzweig im Weingarten. Daher die Kernaussage: „Bleibt in mir und ich bleibe in euch!"

Ich denke, Jesus hat das so gemeint: Wenn der Lebenssaft des Weinstocks nicht in die Rebzweige kommt, dann wächst da keinerlei Frucht. Wenn wir nicht wirklich und lebendig mit Gott, mit Jesus seinem Sohn, in Verbindung sind, dann sind wir tot wie die herumliegenden Rebzweige.

Ohne Gott sind wir tot. Denn Gott ist das Leben unseres Lebens. Und da er der Gott des Lebens ist, will er nicht unseren Tod, sondern dass wir leben. Und wieder hilft das Bild des Weinbaus, um zu sehen, wie Gott uns lebendig macht.

Wer sieht, wie der Winzer im Winter den Weinstock beschneidet, alle Zweige radikal zurückstutzt, der mag, wenn es ihm an Erfahrung fehlt, den Eindruck haben, aus dem Stumpf des Weinstocks könne nie mehr etwas werden. Das Gegenteil ist der Fall. Nur so kann er im Frühjahr wieder kräftig austreiben.

In der Bibel ist der Weingarten oft ein Bild für das Volk Gottes. Manchmal scheint es derart zusammengestutzt, dass viele es bereits für tot erklären. Doch dann treibt es wieder kräftig aus, frisch und lebendig. So zeigt es sich in der Geschichte bis heute. Oft tot gesagt, erlebt die Kirche immer wieder einen neuen Frühling.

Der Winzer reinigt aber auch. Das ist die Arbeit im Frühjahr und im Sommer. Die Rebzweige dürfen nicht zu sehr austreiben, sonst wächst die Frucht nicht ordentlich. Gott ist der Winzer unseres Lebens. Manche Einschnitte tun weh, Prüfungen aller Art, die Gott zulässt, um uns zu reinigen. Die Erfahrung lehrt uns, dass wir nur wachsen und lebendig bleiben, wenn Gott als der gute Winzer an uns arbeitet. Er weiß, was an uns unfruchtbare Triebe sind und was weg muss. Er kennt uns genau und will uns vor falschen Anhänglichkeiten und Selbsttäuschungen befreien.

Jesus ist der wahre Weinstock, in dem der Lebenssaft Gottes fließt. Ohne ihn geht gar nichts, so sagt er unmissverständlich. Wir mögen zwar viel tun und uns sehr aktiv gebärden, aber ohne Christus wird nichts daraus: „Bleibt in mir!"

In Christus bleibt nicht wer viele Worte macht, sondern wer den Nächsten liebt. Das ist die Frucht, die Gott von uns erwartet, die einzig wirklich gute Frucht. Denn ohne die Liebe sind wir tote Rebzweige.

6. Sonntag der Osterzeit

Johannesevangelium 15,9-17

In jener Zeit sprach Jesus zu seinen Jüngern: Wie mich der Vater geliebt hat, so habe auch ich euch geliebt. Bleibt in meiner Liebe! Wenn ihr meine Gebote haltet, werdet ihr in meiner Liebe bleiben, so wie ich die Gebote meines Vaters gehalten habe und in seiner Liebe bleibe. Dies habe ich euch gesagt, damit meine Freude in euch ist und damit eure Freude vollkommen wird. Das ist mein Gebot: Liebt einander, so wie ich euch geliebt habe. Es gibt keine größere Liebe, als wenn einer sein Leben für seine Freunde hingibt. Ihr seid meine Freunde, wenn ihr tut, was ich euch auftrage. Ich nenne euch nicht mehr Knechte; denn der Knecht weiß nicht, was sein Herr tut. Vielmehr habe ich euch Freunde genannt; denn ich habe euch alles mitgeteilt, was ich von meinem Vater gehört habe. Nicht ihr habt mich erwählt, sondern ich habe euch erwählt und dazu bestimmt, dass ihr euch aufmacht und Frucht bringt und dass eure Frucht bleibt. Dann wird euch der Vater alles geben, um was ihr ihn in meinem Namen bittet. Dies trage ich euch auf: Liebt einander!

Trotz allem Freund

Nichts tut wohler als sich geliebt zu wissen. Kein materieller Wohlstand, keine noch so gute Gesundheit wiegen es auf, geliebt zu werden. Es entspricht unserem tiefsten menschlichen Bedürfnis, angenommen zu werden, zu spüren, dass ich für jemanden wichtig bin, bejaht und gewollt.

Unter keiner Sonne blühen wir schöner als unter der Sonne der Liebe. Und wo sie uns nicht bescheint, gehen wir ein, wie Pflanzen ohne Sonnenschein.

Davon spricht Jesus im heutigen Evangelium. Er tut es wenige Stunden vor seiner Gefangennahme und seiner Hinrichtung am Kreuz. Er weiß, dass ihn fast alle in Kürze verlassen werden, und dennoch nennt er sie gerade jetzt Freunde. Von Freunden erwartet man Treue, besonders in der Not. Die Erfahrung zeigt freilich, dass gerade dann, wenn alles eng wird und es einem schlecht geht, die Freunde rar werden. Dann zeigt sich, wer wirklich ein Freund ist. Die Apostel haben sich nicht als Freunde Jesu erwiesen. Aus Angst um ihr eigenes Leben haben sie ihn im Stich gelassen.

Aber er ist ihnen treu geblieben. Er ist wirklich der gute Freund, trotz ihrer Feigheit. Es hat sie zutiefst bewegt, dass Jesus ihnen ihren Verrat verziehen hat, dass er ihnen nicht die Freundschaft aufgekündigt hat, wie wir es meistens tun, wenn Freunde uns in der Not hängen lassen. Es muss für sie etwas Unfassbares gewesen sein, dass er ihnen keine Vorwürfe machte, keine Abrechnung mit ihren Fehlern, als er ihnen nach seiner Auferstehung an Ostertag erschien.

Wenn wir in einer Freundschaft Untreue und Verrat erleben, verlangen wir meistens vom anderen genaue Rechenschaft, „Aufarbeitung der Vergangenheit“, Erklärung für das Fehlverhalten, Entschuldigungen, und erst dann sind wir (vielleicht) bereit, die Freundschaft wieder aufzunehmen. Jesus verhält sich anders. Er hat nicht nur seinen Freunden vorweg ihren Verrat verziehen, sondern etwas getan, was nur der beste und treueste Freund tun würde: Er hat sein Leben für seine Freunde hingegeben.

Wir bewundern zu Recht Menschen, die ihr Leben riskieren, um anderen das Leben zu retten. Wir schulden ihnen Dank und Anerkennung. Ich denke etwa an meine Tante, die nach dem Krieg unter Lebensgefahr das für mich rettende Medikament besorgt hat.

Jesus hat selbst den Tod am Kreuz nicht gescheut, um uns zu erlösen. Davon spricht er heute im Evangelium. Er nennt den Grund für sein Verhalten: „So habe ich euch geliebt."

Er verlangt nichts als Gegenleistung, er erwartet nur, dass wir einander lieben wie er es getan hat. Und er verspricht: Wenn ihr in der Liebe bleibt, dann werdet ihr große Freude erfahren; dann wird euer Leben nicht unfruchtbar verlaufen; dann werdet ihr andere Menschen zum Blühen bringen; dann wird man gerne bei und mit euch sein.

Im Grunde ist es ganz einfach, so einfach, wie Jesus es sagt: Liebt einander! Und doch wissen wir, dass es gar nicht leicht ist, zu lieben, wenn man keine Gegenliebe erfährt; zu verzeihen, wenn Undank uns begegnet. Genau das hat Jesus mit seinen Freunden erlebt, und er hat uns vorgelebt, wie es aussieht, trotz allem Freund zu bleiben, eben ein wirklicher Freund.

Christi Himmelfahrt

Markusevangelium 16,15-20

In jener Zeit erschien Jesus den Elf und sprach zu ihnen: Geht hinaus in die ganze Welt, und verkündet das Evangelium allen Geschöpfen! Wer glaubt und sich taufen lässt, wird gerettet; wer aber nicht glaubt, wird verdammt werden. Und durch die, die zum Glauben gekommen sind, werden folgende Zeichen geschehen: In meinem Namen werden sie Dämonen austreiben; sie werden in neuen Sprachen reden; wenn sie Schlangen anfassen oder tödliches Gift trinken, wird es ihnen nicht schaden; und die Kranken, denen sie die Hände auflegen, werden gesund werden. Nachdem Jesus, der Herr, dies zu ihnen gesagt hatte, wurde er in den Himmel aufgenommen und setzte sich zur Rechten Gottes. Sie aber zogen aus und predigten überall. Der Herr stand ihnen bei und bekräftigte die Verkündigung durch die Zeichen, die er geschehen ließ.

Die Elfermission

So fing es an: Eine winzig kleine Schar von elf Männern und ein weltweiter Auftrag. Größer könnte der Kontrast nicht sein. Wie soll diese Elfermannschaft „in die ganze Welt" hinausgehen und allen Geschöpfen die frohe Botschaft Jesu bringen? Und doch kam es dazu, zwar nicht gleich und noch nicht zu Lebzeiten der Apostel, aber im Lauf der Jahrhunderte, sodass heute etwa zwei Milliarden Menschen auf der ganzen Erde Christen sind, in allen Völkern, Sprachen und Ländern.

Jesus hat einen weltumspannenden Missionsauftrag gegeben. Wie hat er ihn verstanden? Sicher nicht als „Zwangsbeglückung". Seine Jünger sollen das Evangelium „verkünden", aber nicht dazu zwingen. Sie sollen es bekannt machen, aber nicht zu seiner Annahme nötigen. Wie das Angebot die Freiheit zu achten hat, so soll auch die Antwort frei sein.

Eines macht Jesus freilich klar: Sein Evangelium, das die Apostel „allen Geschöpfen" bringen sollen, fordert zur Entscheidung heraus, zu einem Ja oder Nein, zum Glauben oder Unglauben. Und da wird Jesus „ungemütlich" scharf: Wer das Angebot annimmt, „wird gerettet", wer es ablehnt „wird verdammt werden". Also doch keine freie Wahl? Was für eine Freiheit ist das, wenn mir gesagt wird: Du kannst frei wählen, aber wenn du mein Angebot ablehnst, wirst du elendiglich zugrunde gehen? Das heißt doch: Wehe dir, wenn du nicht tust, was ich sage!

Ganz so abwegig ist das nicht, wie es auf den ersten Blick scheinen mag. Ich bin natürlich frei, meinen Weg zu wählen. Aber ich weiß, dass manche Wege ins Unglück führen, und sie zu beschreiten heißt, von meiner Freiheit schlechten Gebrauch zu machen. Wenn ich den Weg der Spielleidenschaft, des Alkohols, der Droge beschreite, bin ich frei, es zu tun – zumindest am Anfang. Dann wird es immer mehr ein Weg der Qual und der Verzweiflung.

Ähnlich ist das, wenn ich den Weg der Sünde wähle. Aber Jesus bietet einen Ausweg an, einen echten Neuanfang. Jesus hat den Elf den Auftrag gegeben, überall in der Welt diesen Weg bekannt zu machen, der aus dem Tod ins Leben, aus dem Unglück ins Glück führt. Alle Menschen sind frei, sich auf diesen Weg einzulassen oder nicht. Aber weil Jesus Gott ist, und nicht nur ein begrenzter Mensch, weiß er mit göttlicher Sicherheit, welcher der Glück bringende Weg ist. Ihm glauben heißt, darauf vertrauen, dass er den Weg weiß. Ihm glauben heißt, darauf vertrauen, dass sein Weg der gute Weg ist, den wir alleine nicht finden würden.

Aber Jesus erwartet kein blindes Vertrauen. Er verweist auf deutliche Zeichen, die bestätigen, dass der Weg seiner Frohbotschaft der für die Menschen richtige, passende Weg ist. Wer ihm vertraut und ihm Glauben schenkt, wird die schwierigsten Situationen bewältigen. So wird er das Gift des Hasses überleben, die Schlangenbisse der Eifersucht, des Neids und des Stolzes überstehen, in Krankheit nicht verzweifeln und die Nachstellungen des Teufels besiegen. Die dem Evangelium glauben, werden aber vor allem die Mauern überwinden, die uns Menschen so oft trennen, denn sie werden die Sprache sprechen, die alle Menschen verstehen, die Sprache der Liebe. Und was ist dringender, als dass das Evangelium der Liebe, der Versöhnung und Barmherzigkeit wirklich alle Menschen erreicht? Die Elfermission muss weitergehen!

7. Sonntag der Osterzeit

Johannesevangelium 17,6a.11b-19

In jener Zeit erhob Jesus seine Augen zum Himmel und betete: Ich habe deinen Namen den Menschen offenbart, die du mir aus der Welt gegeben hast. Heiliger Vater, bewahre sie in deinem Namen, den du mir gegeben hast, damit sie eins sind wie wir. Solange ich bei ihnen war, bewahrte ich sie in deinem Namen, den du mir gegeben hast. Und ich habe sie behütet, und keiner von ihnen ging verloren, außer dem Sohn des Verderbens, damit sich die Schrift erfüllt. Aber jetzt gehe ich zu dir. Doch dies rede ich noch in der Welt, damit sie meine Freude in Fülle in sich haben. Ich habe ihnen dein Wort gegeben, und die Welt hat sie gehasst, weil sie nicht von der Welt sind, wie auch ich nicht von der Welt bin. Ich bitte nicht, dass du sie aus der Welt nimmst, sondern dass du sie vor dem Bösen bewahrst. Sie sind nicht von der Welt, wie auch ich nicht von der Welt bin. Heilige sie in der Wahrheit; dein Wort ist Wahrheit. Wie du mich in die Welt gesandt hast, so habe auch ich sie in die Welt gesandt. Und ich heilige mich für sie, damit auch sie in der Wahrheit geheiligt sind.

Jesu Testament

Jesus betet laut. Es ist die letzte Stunde vor seinem Leiden und Kreuz. Er öffnet im vertrauten Kreis der Jünger sein Herz wie nie zuvor. Er betet vor ihnen, ganz persönlich, spricht seine innersten Anliegen, seine innigsten Bitten an Gott seinen Vater aus.

Dieses Gebet ist wie sein Testament, sein letzter Wille. Anders als unsere Testamente sind Jesu Worte keine Verfügung über das, was nach seinen Tod mit seinem Besitz geschehen soll (er hatte ja gar keinen irdischen Besitz). Seine „letztwilligen Verfügungen" sind Bitten an Gott. In die Hände seines Vaters im Himmel legt er alles, ihm vertraut er alle an, die ihm lieb sind. Was ist Jesu letzter Wille?

Worum bittet eine Mutter die sterben muss, für ihre Kinder: dass Gott sie vor dem Bösen bewahre und dass sie untereinander eins bleiben. Im Angesicht des Todes ist die erste Sorge der Eltern nicht die Karriere der Kinder, sondern dass sie nicht auf Abwege kommen und sich nicht zerstreiten.

Bisher konnte Jesus selber auf seine Jünger schauen, sie auf dem Weg bewahren und vor dem Bösen behüten. Jetzt aber ist die Stunde gekommen, heimzugehen zum Vater. Und wie Jesus bisher völlig Gott, seinem Vater, vertraut hat, so erst recht jetzt, da er alles loslassen muss.

Es empfiehlt sich, dieses Gebet laut zu lesen, so wie Jesus es laut vor den anderen gesprochen hat. Es weckt im Hörer die Sehnsucht, auch so vertrauensvoll, so innig beten zu können. Den Aposteln hat es sich unvergesslich eingeprägt, Jesus immer wieder beten zu sehen und hier, im Abendmahlsaal auch zu hören. Wie muss das gewesen sein, wenn Jesus sein „Vater!" gesprochen hat? Hier ist Gebet nicht ein unbestimmtes Gefühl von irgendeiner höheren Macht, sondern eine vertraute Beziehung zu einem Du. „Du, Vater“ – diese Anrede bezeugt intimste Gemeinschaft. Und das, was Jesus vor allem anderen von diesem „Du“ erbittet, ist, dass auch wir einen so vertrauensvollen Zugang zu Gott bekommen, wie er ihn hat; dass wir etwas von der Freude verspüren, die aus dieser Verbundenheit mit Gott kommt.

Jesus erbittet deshalb für uns den Schutz vor dem Bösen, das diese Verbundenheit hindert oder zerstört. Er bittet nicht, dass wir keine Schwierigkeiten, keine Prüfungen und Leiden erfahren, sondern dass wir vor dem Bösen bewahrt bleiben. Solange wir auf dieser Welt sind, wird es Kämpfe, Leiden, Nöte geben. Jesu Bitte ist, dass wir mit Gottes Hilfe durch sie hindurchgehen, ohne dem Bösen in die Hände zu geraten, ohne von ihm angesteckt zu werden.

Aber Jesus hat noch mehr getan. Er hat nicht nur für die Seinen gebetet, er hat auch für sie sein Leben „geopfert“. Das bedeuten in der jüdischen Sprechweise die Worte „ich heilige mich für sie“. Manchmal erleben wir, wie Eltern ihr Leiden und Sterben ganz bewusst für ihre Kinder „aufopfern“, ihre Schmerzen als Opfer für das Wohl und Heil ihrer Kinder annehmen und ertragen. Manchen mag das schwer verständlich sein, sinnlos erscheinen. Jesus hat sein Leiden sicher so verstanden. „Für euch“, für alle Menschen gebe ich mein Leben hin – das ist und bleibt sein Testament. Jesus hat es selber erklärt: „Es gibt keine größere Liebe, als wenn einer sein Leben für seine Freunde hingibt.“

Johannesevangelium 20,19-23

Am Abend dieses ersten Tages der Woche, als die Jünger aus Furcht vor den Juden die Türen verschlossen hatten, kam Jesus, trat in ihre Mitte und sagte zu ihnen: Friede sei mit euch! Nach diesen Worten zeigte er ihnen seine Hände und seine Seite. Da freuten sich die Jünger, dass sie den Herrn sahen. Jesus sagte noch einmal zu ihnen: Friede sei mit euch! Wie mich der Vater gesandt hat, so sende ich euch. Nachdem er das gesagt hatte, hauchte er sie an und sprach zu ihnen: Empfangt den Heiligen Geist! Wem ihr die Sünden vergebt, dem sind sie vergeben; wem ihr die Vergebung verweigert, dem ist sie verweigert.

Schalom!

„Schalom!" ist bis heute der häufigste Gruß im Alltag in Israel. Gleich zweimal grüßt Jesus der Auferstandene die Seinen mit diesem Wort: „Friede sei mit euch!"

Einander Frieden zu wünschen ist ein schöner Brauch, der umso verständlicher und sinnvoller ist, als er in einer

Welt voller Hass, Terror und Unfrieden beheimatet ist. Er ist Ausdruck einer tiefen Sehnsucht nach Frieden, die freilich ständig mit neuen Rückschlägen und Enttäuschungen zu kämpfen hat. Heute, fünfzig Tage nach Ostern, am Pfingstfest, das die Osterzeit abschließt, hören wir noch einmal von der ersten Begegnung des Auferstandenen mit seinen Jüngern.

Ich sehe in diesem knappen Bericht auch eine große und starke Antwort auf die Sehnsucht nach dem Frieden. Wieso und wie bringt Jesus den Frieden mit sich, sodass der Apostel Paulus später sagen wird, Christus sei selber unser Friede (vgl. Eph 2,14)?

Wir finden ein armseliges Häuflein von verängstigten und niedergeschlagenen Jüngern Jesu. Sie haben sich (wahrscheinlich im Abendmahlsaal) hinter fest verriegelten Türen verschanzt, aus der berechtigten Angst heraus, jemand könnte kommen und sie verhaften, weil sie zu den Freunden des Gekreuzigten gehörten.

Plötzlich ist Jesus da. Keine Mauern, keine Türen, keine Riegel können ihn hindern. Vielleicht war es ein Moment des Erschreckens, als er plötzlich mitten unter ihnen stand. Aber sein Gruß: „Schalom!“, brachte ihnen sofort, was er sagte: Frieden und gleich darauf eine unbeschreibliche Freude.

Seit dem Ostertag dauert diese Erfahrung an: Die Nähe Jesu bedeutet Frieden und Freude. Wieso ist das so? Ich glaube, das Evangelium weist die Spur. Zuerst zeigt Jesus ihnen „seine Hände und seine Seite“, das heißt die Spuren seiner Wunden; von den Nägeln an den Händen, von der Lanze die tiefe Seitenwunde bis ins Herz. Jesus lebt, aber die Wunden sind noch sichtbar, nicht als Narben, sondern wie leuchtend, verklärt.

Es gibt oft einen tiefen Frieden im Leben, wenn man durch großes Leid gegangen ist. Die Wunden sind da, aber sie schmerzen nicht mehr, sie leuchten vielmehr wie etwas Kostbares. Wer solches durchlitten hat und daran gereift und gewachsen ist, wird dankbar auch auf schwere Zeiten zurück blicken. Es ist eine Ahnung von Auferstehung.

Jesus macht den Aposteln keinerlei Vorwürfe: Warum habt ihr mich verlassen, seid feige davongerannt? Jesus bringt den Frieden, indem er uns nicht auf unser Versagen festnagelt, sondern uns einen Neuanfang schenkt. In wie vielen Situationen ist Frieden nur möglich, wenn wirklich ein Neuanfang gesetzt wird.

Dazu aber bringt Jesus zu Ostern die Ermöglichung mit: den Heiligen Geist und die Vergebung der Sünden. Der Heilige Geist, den Jesus an Ostern den Aposteln und an Pfingsten der ganzen Kirche geschenkt hat, ist die Kraft der neuen Anfänge. Aus den verängstigten Jüngern macht er mutige Zeugen, aus einer verschreckten und abgeschotteten Kirche eine lebendige und offene Gemeinschaft. So wirkt Jesu Geist bis heute, immer neu überraschend.

Frieden gibt es aber vor allem dort, wo Schuld verziehen, wo Sünde vergeben wird. Weil Jesus dieses Geschenk am Ostertag mitgebracht hat, ist er der wahre Friedensstifter. Wo Gottes Vergebung unter Menschen geschieht, da wird der Alltagsgruß zur Lebenswirklichkeit: Schalom!

Gedanken zum Evangelium

Feste im Kirchenjahr

Dreifaltigkeitssonntag

Matthäusevangelium 28,16-20

In jener Zeit gingen die elf Jünger nach Galiläa auf den Berg, den Jesus ihnen genannt hatte. Und als sie Jesus sahen, fielen sie vor ihm nieder. Einige aber hatten Zweifel. Da trat Jesus auf sie zu und sagte zu ihnen: Mir ist alle Macht gegeben im Himmel und auf der Erde. Darum geht zu allen Völkern, und macht alle Menschen zu meinen Jüngern; tauft sie auf den Namen des Vaters und des Sohnes und des Heiligen Geistes, und lehrt sie, alles zu befolgen, was ich euch geboten habe. Seid gewiss: Ich bin bei euch alle Tage bis zum Ende der Welt.

Dreieinig

Der Sonntag nach dem Pfingstfest wird Dreifaltigkeitssonntag genannt. An vielen Orten sind Darstellungen der Dreifaltigkeit zu finden. Ich nenne nur die prachtvolle Pest- oder Dreifaltigkeitssäule am Graben in Wien, das Wallfahrtsbild am Sonntagberg in Niederösterreich oder die vielen Darstellungen des „Gnadenstuhls“ an Wegen und Feldern, in Bildstöcken und Kapellen.

Meist wird Gottvater betagt und mit mächtigem Bart, Gott Sohn am Kreuz, das Gottvater hält, der Heilige Geist als Taube zwischen beiden dargestellt. Manche stellen die kritische Frage: Kann man, darf man Gott überhaupt darzustellen versuchen? Das Judentum und der Islam verbieten es ausdrücklich. Ein „Gottesbild" in einer Moschee wäre undenkbar, erst recht ein Bild der Dreifaltigkeit Gottes. „Ihr verehrt drei Götter", so lautet eine häufige Kritik am Christentum.

Das heutige Evangelium gibt darauf Antwort. Es sind die letzten fünf Verse des Matthäusevangeliums, sein feierlicher Abschluss. Gewaltiges wird hier von Jesus gesagt. Zuerst die Tatsache, dass der am Kreuz Gestorbene lebt. Er war nicht scheintot, sondern wirklich gestorben, bestätigt durch den Herzstich mit der Soldatenlanze. Sie hatten ihn wirklich begraben. Am dritten Tag danach war er wirklich auferstanden, nicht wieder belebt für eine weitere irdische, begrenzte Lebenszeit, sondern jenseits des Todes, in unzerstörbarem Leben.

Am vereinbarten Treffpunkt im heimatlichen Galiläa sehen ihn die Jünger. Anbetung und Zweifel mischen sich. Sie können es nicht fassen – und doch ist es so, deshalb die Geste, vor ihm niederzufallen, eine Geste, die eigentlich nur Gott gebührt, denn einen Menschen darf man nicht anbeten. Unvergesslich aber bleiben die Worte, die Jesus ihnen sagt. Sie hallen nach durch die Jahrhunderte. Sie bleiben gültig, solange der Weg der Menschheit auf dieser Erde dauert. Sie umspannen alle Völker, alle Menschen aller Zeiten, sie gelten für das ganze All.

Es gibt nur zwei Möglichkeiten: Entweder diese Worte sind wahr – oder Jesus war ein versponnener Phantast, ein Größenwahnsinniger. Wer kann sagen: „Mir ist alle Macht gegeben im Himmel und auf Erden“? Nur einer, der Gott ist, kann solches sagen. Nur Gott ist allmächtig. Nur wenn Jesus Gott ist, kann er diese Worte ohne Anmaßung sagen. Nur wenn Jesus der Sohn Gottes ist, kann er mit gutem Recht dazu auffordern, dass alle Menschen seine Jünger werden sollen. Es wäre eine maßlose Selbstüberschätzung, wenn ein sterblicher Mensch erwarten würde, dass alle Menschen auf Erden seine Anhänger werden sollten. Aber Gott, der alles erschaffen hat, kann seine Geschöpfe einladen, ihm ganz zu vertrauen.

Weil Jesus wirklich Mensch ist, können wir von ihm ein Bild machen. Weil Jesus wirklich Gott ist, kann er versprechen: „Ich bin bei euch alle Tage, immer und jederzeit.“ Weil Jesus Gott und Mensch ist, kann er alle Menschen einladen, seine Jünger, seine Freunde zu werden.

Christen beten nicht drei Götter an. Sie verehren den einen Gott, den Vater, der aus Liebe den Menschen sein Kostbarstes, seinen Sohn schenkt, und seinen „Lebensatem“, den Heiligen Geist. Mit den begrenzten Mitteln der Kunst versuchen die Dreifaltigkeitsbilder das auszudrücken, was nur der Glaube erfassen kann.

Fronleichnam

Markusevangelium 14,12-16.22-26

Am ersten Tag des Festes der ungesäuerten Brote, an dem man das Paschalamm schlachtete, sagten die Jünger zu Jesus: Wo sollen wir das Paschamahl für dich vorbereiten? Da schickte er zwei seiner Jünger voraus und sagte zu ihnen: Geht in die Stadt; dort wird euch ein Mann begegnen, der einen Wasserkrug trägt. Folgt ihm, bis er in ein Haus hineingeht; dann sagt zu dem Herrn des Hauses: Der Meister lässt dich fragen: Wo ist der Raum, in dem ich mit meinen Jüngern das Paschalamm essen kann? Und der Hausherr wird euch einen großen Raum im Obergeschoss zeigen, der schon für das Festmahl hergerichtet und mit Polstern ausgestattet ist. Dort bereitet alles für uns vor! Die Jünger machten sich auf den Weg und kamen in die Stadt. Sie fanden alles so, wie er es ihnen gesagt hatte, und bereiteten das Paschamahl vor.

Als es Abend wurde, kam Jesus mit den Zwölf. Während sie nun bei Tisch waren und aßen, sagte er: Amen, ich sage euch: Einer von euch wird mich verraten und ausliefern, einer von denen, die zusammen mit mir essen. Da wurden sie traurig, und einer nach dem andern fragte ihn: Doch nicht etwa ich? Er sagte zu ihnen: Einer von euch Zwölf, der mit mir aus derselben Schüssel isst. Der Menschensohn muss zwar seinen Weg gehen, wie die Schrift über ihn sagt. Doch weh dem Menschen, durch den der Menschensohn verraten wird. Für ihn wäre es besser, wenn er nie geboren wäre.

Während des Mahls nahm er das Brot und sprach den Lobpreis; dann brach er das Brot, reichte es ihnen und sagte: Nehmt, das ist mein Leib. Dann nahm er den Kelch, sprach das Dankgebet, reichte ihn den Jüngern, und sie tranken alle daraus. Und er sagte zu ihnen: Das ist mein Blut, das Blut des Bundes, das für viele vergossen wird. Amen, ich sage euch: Ich werde nicht mehr von der Frucht des Weinstocks trinken bis zu dem Tag, an dem ich von neuem davon trinke im Reich Gottes. Nach dem Lobgesang gingen sie zum Ölberg hinaus.

Wes Brot ich ess'

Ein alter Spruch sagt: „Wes Brot ich ess', des Lied ich sing". Damit ist eine oft bittere und nüchterne Lebenserfahrung ausgesprochen. „Wer zahlt, schafft an", sagt man. Meinem „Brötchengeber" muss ich zu gefallen suchen. Von wem ich abhängig bin, dem muss ich mich beugen, mich ihm anpassen, eben „sein Lied singen".

Am heutigen Fest Fronleichnam möchte ich dieses Wort im positiven Sinn deuten. Heute wird in vielen Orten unseres Landes freudig und farbenfroh das Lied dessen gesungen, dessen Brot wir in der heiligen Eucharistie essen. Wir gehen hinaus, auf die Straßen, Plätze, Wege unserer Gemeinden, mit Musik, oft mit Trachten, in der Mitte der „Himmel", von vier „Himmelträgern" getragen, darunter der Priester mit der Monstranz, dem „Allerheiligsten", Christus in der einfachen Brotgestalt. Viel Folklore, aber auch viel tiefe, echte Frömmigkeit, und warum sollte nicht beides gut zusammengehen?

Und doch: ist das alles nicht meilenweit entfernt von dem, was da am Anfang stand, wovon das Evangelium berichtet? Was wissen wir von diesem Ursprung, und was ist davon geblieben?

Alles fing mit einem Abendessen besonderer Art an, das unsere jüdischen Mitbürger bis heute besonders feiern, mit dem Pesachmahl, wahrscheinlich im Jahr 30 unserer Zeitrechnung.

Tausende Pilger sind in Jerusalem zum Osterfest, Pesach, dem höchsten Fest des Jahres, da die Juden den rettenden Auszug aus der Sklaverei in Ägypten feiern.

Auch Jesus feiert das Paschamahl mit seinen Jüngern in einem eigens dafür hergerichteten Raum im ersten Stock eines Hauses, den der Besitzer den Pilgern aus Galiläa bereitwillig überlässt.

Das Mahl nimmt seinen gewohnten Lauf, nach uraltem jüdischem Ritus. Doch dann geschieht etwas ganz und gar Überraschendes. Statt des üblichen Brotsegens bricht Jesus das Brot und sagt: „Nehmt, das ist mein Leib." Und am Ende des Mahls nimmt er den Becher mit Wein, und statt des dazu vorgesehenen Segensspruches sagt er: „Das ist mein Blut, das Blut des Bundes, das für viele vergossen wird."

Unvergessliche Augenblicke, denn es war das letzte gemeinsame Mahl, gleich danach Verhaftung, Prozess, Todesurteil, Kreuz, Grab – und der Ostermorgen der Auferstehung.

Jesus hatte ihnen gesagt: „Tut dies zu meinem Gedächtnis" (Lk 22,19; 1 Kor 11,24-25). Und von den ersten Tagen an haben es seine Jünger getan. Immer wieder, besonders am Sonntag, dem wöchentlichen „kleinen Osterfest", kamen und kommen sie zusammen und tun, was Jesus in dieser unvergesslichen Nacht getan hat: „Das ist mein Leib, für euch, für alle Menschen hingegeben."

Seither lebt die Kirche von diesem Brot, das Er selber ist, der nicht aufhört, sein Leben den Menschen zu schenken. Wer das im Herzen, im Glauben annehmen kann, dem ist es ein Bedürfnis, das auch gelegentlich freudig zu feiern und dem zu singen, dessen Brot ich esse.

Darstellung des Herrn

Lukasevangelium 2,22-40

Es kam für die Eltern Jesu der Tag der vom Gesetz des Mose vorgeschriebenen Reinigung. Sie brachten das Kind nach Jerusalem hinauf, um es dem Herrn zu weihen, gemäß dem Gesetz des Herrn, in dem es heißt: Jede männliche Erstgeburt soll dem Herrn geweiht sein. Auch wollten sie ihr Opfer darbringen, wie es das Gesetz des Herrn vorschreibt: ein Paar Turteltauben oder zwei junge Tauben.

In Jerusalem lebte damals ein Mann namens Simeon. Er war gerecht und fromm und wartete auf die Rettung Israels, und der Heilige Geist ruhte auf ihm. Vom Heiligen Geist war ihm offenbart worden, er werde den Tod nicht schauen, ehe er den Messias des Herrn gesehen habe. Jetzt wurde er vom Geist in den Tempel geführt; und als die Eltern Jesus hereinbrachten, um zu erfüllen, was nach dem Gesetz üblich war, nahm Simeon das Kind in seine Arme und pries Gott mit den Worten: Nun lässt du, Herr, deinen Knecht, wie du gesagt hast, in Frieden scheiden. Denn meine Augen haben das Heil gesehen, das du vor allen Völkern bereitet hast, ein Licht, das die Heiden erleuchtet, und Herrlichkeit für dein Volk Israel. Sein Vater und seine Mutter staunten über die Worte, die über Jesus gesagt wurden.

Darstellung des Herrn

Und Simeon segnete sie und sagte zu Maria, der Mutter Jesu: Dieser ist dazu bestimmt, dass in Israel viele durch ihn zu Fall kommen und viele aufgerichtet werden, und er wird ein Zeichen sein, dem widersprochen wird. Dadurch sollen die Gedanken vieler Menschen offenbar werden. Dir selbst aber wird ein Schwert durch die Seele dringen.

Damals lebte auch eine Prophetin namens Hanna, eine Tochter Penuëls, aus dem Stamm Ascher. Sie war schon hochbetagt. Als junges Mädchen hatte sie geheiratet und sieben Jahre mit ihrem Mann gelebt; nun war sie eine Witwe von vierundachtzig Jahren. Sie hielt sich ständig im Tempel auf und diente Gott Tag und Nacht mit Fasten und Beten. In diesem Augenblick nun trat sie hinzu, pries Gott und sprach über das Kind zu allen, die auf die Erlösung Jerusalems warteten. Als seine Eltern alles getan hatten, was das Gesetz des Herrn vorschreibt, kehrten sie nach Galiläa in ihre Stadt Nazaret zurück. Das Kind wuchs heran und wurde kräftig; Gott erfüllte es mit Weisheit, und seine Gnade ruhte auf ihm.

Ein Fest des Lichtes

Der 2. Feber war lange Zeit ein volkstümliches Fest. „Maria Lichtmess“ hieß es. Vierzig Tage nach der Geburt hatte nach jüdischem Gesetz die Mutter im Tempel in Jerusalem ein Opfer für ihre „Reinigung“ darzubringen. Doch nennt das Evangelium noch einen zweiten Grund: Jeder Erstgeborene gehört nach alttestamentlichem Verständnis Gott als Eigentum. Durch ein Opfer wird er symbolisch „losgekauft“.

„Reinigung“ und „Loskauf“ mögen uns Heutigen fremde Vorstellungen sein. Weniger fremd ist das, was das Evangelium in die Mitte rückt: Maria und Josef bringen das neugeborene Kind in den Tempel, um es „Gott zu weihen“. Es ist ihr Kind und doch nicht ihres. Es gehört Gott und ist ihnen anvertraut. Sie legen es in Gottes Hand zurück, aus der sie es empfangen haben.

Viele Eltern, die ihr Kind zur Taufe bringen, tun es, weil sie so etwas spüren und im Herzen wissen: das Kind ist nicht ihr „Besitz“, ihr „Eigentum“. Es ist deshalb gut, es ganz Gott anzuvertrauen und es als Seine Gabe und Aufgabe zu betrachten.

Aber das Evangelium fügt noch etwas Neues hinzu: Zwei alte Menschen kommen dem Kind entgegen, Simeon und Hanna. Sie zeigen nicht nur, dass jedes Neugeborene uns an das eigene Altwerden erinnert, dass eine Generation die andere ablöst und dass das Kommen der Jungen auch den Abschied der Alten bedeutet. Nicht immer ist dieser Vorgang so von Freude erfüllt wie bei Simeon, der auf diesen Moment zu gelebt hat und nun dankbar sagt, er wolle jetzt gerne aus dieser Welt scheiden, weil er dieses Kind gesehen hat.

Die Freude dieser beiden alten Menschen hat einen tieferen Grund: Sie begrüßen im Kind, das in den Tempel gebracht wird, das „Licht, das die Heiden erleuchtet", den, der den Völkern das Heil bringt.

Jesus – das Licht der Völker! Das feiert die Kirche in dieser Zeit des Winters, da die Tage schon länger werden und die Dunkelheit weniger auf unseren Seelen lastet. In allen Kirchen werden heute Kerzen geweiht. An vielen Orten wird eine Lichterprozession gehalten. Christus, Licht in der Dunkelheit der Welt: das wollen die Kerzen bezeichnen, das soll die Lichterprozession bedeuten. Das warme Licht der Kerzen ist Ausdruck für das größere Licht, das durch alle Zeiten von Jesus ausgeht. In der kalten Jahreszeit hilft es mir, eine brennende Kerze in meiner Nähe zu haben. In unserer Welt ist nicht nur der Winter kalt, sondern vielmals auch unsere Arbeitswelt und selbst die der Familie. Heute wie Simeon auf das Jesuskind zugehen, es in die Arme nehmen und Gott danken für dieses Licht, das in mein Leben leuchtet und ihm Wärme gibt: Das ist der stets gültige Sinn des heutigen Lichtfestes.

Johannesevangelium 3,13-17

In jener Zeit sprach Jesus zu Nikodemus: Niemand ist in den Himmel hinaufgestiegen außer dem, der vom Himmel herabgestiegen ist: der Menschensohn. Und wie Mose die Schlange in der Wüste erhöht hat, so muss der Menschensohn erhöht werden, damit jeder, der (an ihn) glaubt, in ihm das ewige Leben hat. Denn Gott hat die Welt so sehr geliebt, dass er seinen einzigen Sohn hingab, damit jeder, der an ihn glaubt, nicht zugrunde geht, sondern das ewige Leben hat. Denn Gott hat seinen Sohn nicht in die Welt gesandt, damit er die Welt richtet, sondern damit die Welt durch ihn gerettet wird.

Heilender Blick

Das heutige Fest heißt Kreuzerhöhung. Am 14. September des Jahres 335 wurde in Jerusalem, nach der feierlichen Weihe der Auferstehungsbasilika, heute meist „Grabeskirche“ genannt, dem Volk das Kreuz Christi gezeigt, genauer: das was von ihm übrig geblieben war. Seither wird der 14. September als das Fest „Kreuzerhöhung“ gefeiert.

Aber was gibt es denn zu feiern, wenn ein Kreuz oder Reste eines Kreuzes gefunden und dann gezeigt werden? Was soll Grund zur Freude und zum Fest sein, wenn ein Folter- und Hinrichtungsinstrument grauenhaftester Sorte hochgehalten wird?

Nikodemus, ein hoher Ratsherr, kommt nächtens heimlich zu Jesus (er fürchtet, gesehen und kritisiert zu werden). Er, der gelehrte und geschätzte Weise, stellt Jesus die Fragen, die sein Herz bewegen. Die Antworten Jesu sind rätselhaft und wunderschön zugleich.

Zuerst sagt Jesus dem überraschten Ratsmitglied, er müsse „von neuem geboren“ werden. Zurück in den Mutterschoß? Nein, sagt Jesus, nicht um diese Geburt geht es, sondern um die „von oben“. Aus Gott müsse der Mensch neu geboren werden. Aber was heißt das? Und wie geschieht es?

Das kann nur der uns sagen, der „von oben“ kommt, der sozusagen in der Welt Gottes zu Hause ist und der zu uns „herabgestiegen“ ist, um uns von dort Kunde zu bringen. Und was ist seine Nachricht, die er „von oben“ mitgebracht hat? Es ist eine unglaubliche, unfassbar schöne Botschaft: Gott hat die Welt so sehr geliebt, dass er für sie sein Kostbarstes eingesetzt hat, seinen Sohn. Dieser ist nicht gekommen, uns zu richten, sondern zu retten.

Über alles das muss Nikodemus sehr gestaunt haben: Ein Gott, der nicht richten und strafen will, sondern retten, aus Liebe zu uns und zu allen Menschen! Gott so sehen zu können, ist wirklich wie eine neue Geburt. Daran glauben zu können, dass Gott uns Menschen wirklich liebt, ist etwas Wunderbares. Warum fällt es so schwer? Weil wir Angst haben vor Gott. Weil wir fürchten, er sei auch so, wie wir untereinander: voller Urteile und Kritik, Verachtung und

Besserwisserei. Wir können uns kaum vorstellen, dass Gott ganz anders ist als wir; immer sind wir daran, uns Gott nach unserem Bild auszumalen. Wie kann unser Gottesbild neu werden, nicht von Angst erfüllt, sondern Seiner Liebe vertrauend?

Dazu gibt Jesus dem Nikodemus einen Hinweis. Er erinnert ihn an die Geschichte mit den Schlangen in der Wüste, die viele Israeliten tödlich bissen. Mose hängte daraufhin eine Kupferschlange an eine Stange. Wer zu dieser aufblickte, wurde nicht vom Schlangenbiss getötet. Jesus sagt nun: So müsst auch ihr es machen. Wenn euch die Giftschlangen des Hasses, des Misstrauens, der Feindseligkeit beißen und zu vergiften drohen, dann schaut auf zu mir am Kreuz, und dieser Blick wird euch heilen.

Das Kreuz ist ein schreckliches Todeswerkzeug. Aber Jesus hat es auf sich genommen, um uns zu heilen. Deshalb heilt der Blick auf das Kreuz.

Weihetag der Lateranbasilika

Johannesevangelium 2,13-22

Das Paschafest der Juden war nahe und Jesus zog nach Jerusalem hinauf. Im Tempel fand er die Verkäufer von Rindern, Schafen und Tauben und die Geldwechsler, die dort saßen. Er machte eine Geißel aus Stricken und trieb sie alle aus dem Tempel hinaus, dazu die Schafe und Rinder; das Geld der Wechsler schüttete er aus und ihre Tische stieß er um. Zu den Taubenhändlern sagte er: Schafft das hier weg, macht das Haus meines Vaters nicht zu einer Markthalle! Seine Jünger erinnerten sich an das Wort der Schrift: Der Eifer für dein Haus verzehrt mich. Da stellten ihn die Juden zur Rede: Welches Zeichen lässt du uns sehen als Beweis, dass du dies tun darfst? Jesus antwortete ihnen: Reißt diesen Tempel nieder, in drei Tagen werde ich ihn wieder aufrichten. Da sagten die Juden: Sechsundvierzig Jahre wurde an diesem Tempel gebaut und du willst ihn in drei Tagen wieder aufrichten? Er aber meinte den Tempel seines Leibes. Als er von den Toten auferstanden war, erinnerten sich seine Jünger, dass er dies gesagt hatte, und sie glaubten der Schrift und dem Wort, das Jesus gesprochen hatte.

Kirtag – weltweit

Der 9. November ist bei uns kein sehr bekanntes Fest. Die Kirche misst ihm dennoch große Bedeutung bei, dass sie es nicht nur in Rom, sondern überall in der Weltkirche feiert.

Es ist das Kirchweihfest der Lateranbasilika in Rom. Für die vielen Rombesucher, Pilger und Touristen, sind der Petersdom, die Sixtinische Kapelle und die vatikanischen Museen viel wichtiger.

Die Wenigsten wissen, dass nicht der Petersdom, sondern die Lateranbasilika die eigentliche Bischofskirche des Papstes ist, der ja zuerst der Bischof von Rom ist. Dort hat der Papst, wie alle seine Vorgänger, seinen eigentlichen Bischofssitz in Rom, auch wenn er im Vatikan lebt, bei Sankt Peter, das vor allem die Grabeskirche des Apostels Petrus ist.

Heute ist also das Kirchweihfest der Bischofskirche von Rom. Über ihrem Eingang steht auf Lateinisch: „Mutter und Haupt aller Kirchen". Weil der Bischof von Rom als Nachfolger des Apostels Petrus den Vorsitz unter allen Bischöfen hat, kommt auch seiner Kirche diese Stellung zu. Der „Kirtag in Rom" ist sozusagen Kirtag der weltweiten Kirche.

Im Evangelium dieses Festes geht es freilich nicht so heiter und ausgelassen zu, wie wir uns für gewöhnlich einen Kirtag vorstellen. Es ist die dramatische Szene wie Jesus in „heiligem Zorn" die Händler und Geldwechsler aus dem Tempel in Jerusalem vertreibt, also genau das Gegenteil unserer Kirtage mit Marktständen, Ringelspielen und Festzelten.

Zeigt sich Jesus hier als Fanatiker, als überstrenger Eiferer? War er ein Revolutionär, der hier den Aufstand probte, dann kläglich scheiterte und mit der damals für Aufständische üblichen Todesstrafe, der Kreuzigung endete?

Um das jüdische Osterfest herum, wenn viele tausend Pilger in Jerusalem waren, hatten die römischen Besatzungstruppen Alarmstufe eins. Überall waren Soldaten, zwar nicht im Tempelbereich aber rundherum. Sie hätten sofort jeden Aufstandsversuch blutig niedergeschlagen, wie wir es heute täglich im unseligen Kriegszustand im Heiligen Land erleben. Jesus hat alleine gehandelt, und seine „Tempelreinigung" war vor allem eine symbolische, zeichenhafte Handlung: „Macht das Haus meines Vaters nicht zu einer Markthalle."

Der Tempel ist Gotteshaus, nicht Jahrmarktshalle. Das erweckt Jesu Eifer und Zorn. Was würde er heute zum Verhalten vieler Leute in unseren Kirchen sagen? Wie lärmend und ehrfurchtslos geht es in manchen Kirchen zu!

Aber Jesus hat nicht nur das äußere Verhalten im Sinn. Dieses ist ja Ausdruck einer inneren Haltung. Für Jesus ist die Ehrfurcht vor dem Heiligtum des Gotteshauses Zeichen dafür, dass die Menschen sich selber als „Tempel Gottes" erkennen. Er, Christus, der Sohn Gottes, ist „Wohnstatt" Gottes unter dem Menschen. Er will, dass alle Menschen Gott in sich tragen, ihren Leib als Tempel Gottes heilig halten. Und er will, dass wir diesen Tempel vom Jahrmarkt unserer Eitelkeit und Sünden befreien. Das ist der Kirtag, den Er sich wünscht. Ihn weltweit zu feiern macht Sinn.

Mariae Empfängnis

Lukasevangelium 1, 26-38

In jener Zeit wurde der Engel Gabriel von Gott in eine Stadt in Galiläa namens Nazaret zu einer Jungfrau gesandt. Sie war mit einem Mann namens Josef verlobt, der aus dem Haus David stammte. Der Name der Jungfrau war Maria. Der Engel trat bei ihr ein und sagte: Sei gegrüßt, du Begnadete, der Herr ist mit dir. Sie erschrak über die Anrede und überlegte, was dieser Gruß zu bedeuten habe. Da sagte der Engel zu ihr: Fürchte dich nicht, Maria; denn du hast bei Gott Gnade gefunden. Du wirst ein Kind empfangen, einen Sohn wirst du gebären: dem sollst du den Namen Jesus geben. Er wird groß sein und Sohn des Höchsten genannt werden. Gott, der Herr, wird ihm den Thron seines Vaters David geben. Er wird über das Haus Jakob in Ewigkeit herrschen, und seine Herrschaft wird kein Ende haben. Maria sagte zu dem Engel: Wie soll das geschehen, da ich keinen Mann erkenne? Der Engel antwortete ihr: Der Heilige Geist wird über dich kommen, und die Kraft des Höchsten wird dich überschatten. Deshalb wird auch das Kind heilig und Sohn Gottes genannt werden. Auch Elisabet, deine Verwandte, hat noch in ihrem Alter einen Sohn empfangen; obwohl sie als unfruchtbar galt, ist sie jetzt schon im sechsten

Monat. Denn für Gott ist nichts unmöglich. Da sagte Maria: Ich bin die Magd des Herrn; mir geschehe, wie du es gesagt hast. Danach verließ sie der Engel.

Empfängnis – ein Fest

Zwei Mal feiert die Kirche ein „Fest der Empfängnis“: am 25. März, neun Monate vor Weihnachten, die Empfängnis Jesu – davon spricht das heutige Evangelium – und am 8. Dezember, neun Monate vor Mariae Geburt (8. September), die Empfängnis Mariens durch ihre Eltern Joachim und Anna. Warum den Tag der Empfängnis feiern? Üblicherweise wird nur der Geburtstag, bei manchen auch der Namenstag gefeiert. Wer weiß um den Tag der eigenen Empfängnis?

Haben die Eltern gelegentlich davon gesprochen? Hat in einer vertraulichen Stunde die Mutter gesagt, wie das damals war, als mein Leben begann? Es redet sich nicht leicht über diese Dinge, sie gehören nicht auf den Marktplatz oder an den Stammtisch. Und doch ist es für jeden Menschen der Moment, da alles begonnen hat. Im Augenblick der Empfängnis tritt ein neuer Mensch ins Dasein. Insgeheim tragen wir die Frage im Herzen, die wir den Eltern vielleicht nie zu stellen gewagt haben: Wie war das damals? War ich willkommen? Löste die Nachricht meiner Empfängnis Freude oder Schrecken aus, hätte meine Empfängnis eigentlich verhütet werden sollen und wurde dann doch angenommen, schließlich sogar mit Freude? Wäre es nicht wichtig und hilfreich für mein Leben, zu wissen, wann und wie es begonnen hat?

Ist das nicht Grund zum Feiern? Denn der Glaube sagt mir: Selbst, wenn ich den Eltern nicht willkommen war, Gott hat von Anfang an zu mir Ja gesagt, und Sein Ja bleibt treu, auch wenn mein Leben noch so sehr durch Hoch und Tief geht.

Heute ist ein Fest der Empfängnis. Es heißt „Fest der unbefleckten Empfängnis". Manches Missverständnis heftet sich an diesen Namen. Maria ist von ihren Eltern wie jedes Menschenkind gezeugt und empfangen worden. Die geschlechtliche Vereinigung, der wir unser Dasein verdanken, ist nicht etwas „Beflecktes", eine Schande oder eine Sünde. Sonst hätte Gott nicht die Menschen als Mann und Frau geschaffen, füreinander und zur Weitergabe des Lebens.

„Unbefleckt" heißt vielmehr: Maria ist „ohne Erbsünde empfangen". Die Glaubenslehre der Kirche sagt: Jedem Menschen, und sei er erst neu geboren oder noch im Mutterschoß, fehlt etwas, haftet ein Mangel, ein Makel an: Wir sind alle hineingeboren in eine Geschichte von Schuld und Sünde, in die wir uns selber in unserem Leben weiter verstricken und an der wir durch unsere Fehler mitwirken. Keiner kann sich alleine aus dieser Verwicklung herauslösen. Gott muss uns „ent-wickeln", heraus befreien, auslösen aus diesem Unheil. Maria hat er vom Moment ihrer Empfängnis davon freigehalten. Denn sie sollte ja ein ganz offener, freier Mensch sein, in dem das Böse nirgendwo Fuß fassen kann.

Als es dann in Gottes Plan soweit war, fand sich Maria offen und bereit, Mutter des Erlösers zu werden. Was auf sie zukam, war schwer: Schwanger werden, ohne, dass das Kind vom Verlobten war. Würde er glauben, dass es nicht von einem anderen, sondern vom Heiligen Geist war? Wie sollte das gehen? Im völligen Vertrauen auf Gott hat Maria dennoch Ja gesagt und so das Kind empfangen, das alle Menschen aus den Fesseln der Schuld befreien sollte.

Die Empfängnis Marias, die Empfängnis Jesu – zwei Feste. Ist nicht jede Empfängnis Grund zu feiern? Anfang einer Geschichte ohne Ende, weil Gott treu ist!

Mariae Himmelfahrt

Lukasevangelium 1,39-56

In jenen Tagen machte sich Maria auf den Weg und eilte in eine Stadt im Bergland von Judäa. Sie ging in das Haus des Zacharias und begrüßte Elisabet. Als Elisabet den Gruß Marias hörte, hüpfte das Kind in ihrem Leib. Da wurde Elisabet vom Heiligen Geist erfüllt und rief mit lauter Stimme: Gesegnet bist du mehr als alle anderen Frauen, und gesegnet ist die Frucht deines Leibes. Wer bin ich, dass die Mutter meines Herrn zu mir kommt? In dem Augenblick, als ich deinen Gruß hörte, hüpfte das Kind vor Freude in meinem Leib. Selig ist die, die geglaubt hat, dass sich erfüllt, was der Herr ihr sagen ließ. Da sagte Maria: Meine Seele preist die Größe des Herrn, und mein Geist jubelt über Gott, meinen Retter. Denn auf die Niedrigkeit seiner Magd hat er geschaut. Siehe, von nun an preisen mich selig alle Geschlechter. Denn der Mächtige hat Großes an mir getan, und sein Name ist heilig. Er erbarmt sich von Geschlecht zu Geschlecht über alle, die ihn fürchten. Er vollbringt mit seinem Arm machtvolle Taten: Er zerstreut, die im Herzen voll Hochmut sind; er stürzt die Mächtigen vom Thron und erhöht die Niedrigen. Die Hungernden beschenkt er mit seinen Gaben und lässt die Reichen leer ausgehen. Er nimmt sich seines Knechtes Israel an und denkt an sein Erbarmen, das er unsern Vätern verheißen hat, Abraham und seinen Nachkommen auf ewig. Und Maria blieb etwa drei Monate bei ihr; dann kehrte sie nach Hause zurück.

Gesegneter Leib

Am Höhepunkt des Sommers feiert die Kirche das Fest Mariae Himmelfahrt. Was für manche ländliche Gegend Anlass volkstümlicher Feiern ist (Kräuterweihe, Schiffswallfahrten...), gilt für andere vor allem als willkommener freier Tag in der heißesten Jahreszeit. Der Sinn des Festes und damit der Grund für den freien Feiertag sollte darüber nicht vergessen werden.

Es ist ein Marienfest. Mancherorts wird es „der große Frauentag" genannt. Seit Jahrhunderten gefeiert, in der Tradition fest verwurzelt, wirft es dennoch nicht wenige Fragen auf.

Die erste und gewichtigste stellt bereits der heutige Evangelientext. Er berichtet von einem Ereignis, das mit einer „leiblichen Aufnahme Mariens in den Himmel" (so heißt das Fest mit vollem Namen) gar nichts zu tun hat. So ist zumindest der erste Eindruck.

Ein Fest ohne biblische Grundlage? Ein Ereignis, von dem die Heilige Schrift nichts weiß? Ist das nicht eine dürftige Grundlage für ein so feierliches Fest? Dazu kommt, dass erst im Jahr 1950 Papst Pius XII. feierlich als Dogma der Kirche verkündet hat, Maria sei „nach Vollendung ihres Erdenlebens mit Leib und Seele in die himmlische Herrlichkeit aufgenommen worden". Ein Fest also, das auf schwachen Beinen steht?

Könnte es nicht ganz anders sein? Tatsache ist, dass die Gläubigen seit Jahrhunderten dieses Fest besonders lieben. Vielleicht erfasst oder ahnt „das gläubige Volk" hier etwas mit treffsicherem Gespür, was zwar nicht wörtlich in der Bibel steht, was aber genau das Geheimnis dieser Frau erfasst. Und vielleicht weist uns gerade das heutige Evangelium die Spur hin zu diesem Geheimnis.

Die Szene ist schlicht und ergreifend. Maria hat von dem Boten Gottes, dem Engel, gehört, ihre Verwandte Elisabet erwarte trotz ihres hohen Alters noch ein Kind obwohl sie als unfruchtbar galt. Maria hat selber empfangen. Sie erwartet auch ein Kind, nicht von Josef, sondern durch Gottes Wirken.

Nun begegnen einander die beiden schwangeren Frauen, jede mit dem unerwartet geschenkten Kind im Schoß, die eine schon im sechsten Monat, die andere eben erst am Anfang ihrer Schwangerschaft.

Und nun das Überraschende. Elisabet begrüßt ihre junge Verwandte mit einem völlig ungewohnten, feierlichen Gruß. Dieser Gruß wurde seither zahllose Male wiederholt: „Gesegnet bist du mehr als alle Frauen und gesegnet ist die Frucht deines Leibes."

„Du bist gebenedeit unter den Frauen...", so greift das „Gegrüßet seist du, Maria" in etwas altertümlichem

Deutsch den Gruß der Elisabet auf. Maria ist gesegnet. Sie trägt das Kind im Schoß, das wie kein anderes ein Segen sein wird: Jesus, „die gesegnete Frucht deines Leibes". Es kann für sie nicht ohne Auswirkung sein, dass Gottes Sohn in ihrem Schoß Mensch geworden ist.

„Wer bin ich, dass die Mutter meines Herrn zu mir kommt?" Elisabet staunt – und nennt Maria, die junge Frau aus Nazaret, „Mutter meines Herrn"! Das ist der tiefste Grund für das heutige Fest: Maria ist die Mutter des Herrn, des Erlösers. An ihr hat sich als erster gezeigt, was Erlösung heißt: befreit von allem Übel, besonders vom Tod. Deshalb glauben wir, dass auch Marias gesegneter Leib nicht im Tod bleiben konnte. Er gehört nicht dem Grab, sondern dem Himmel. Was wir von Maria glauben, das hoffen wir für uns alle: nicht das Grab, sondern den Himmel.

Matthäusevangelium 16,13-19

In jener Zeit, als Jesus in das Gebiet von Cäsarea Philippi kam, fragte er seine Jünger: Für wen halten die Leute den Menschensohn? Sie sagten: Die einen für Johannes den Täufer, andere für Elija, wieder andere für Jeremia oder sonst einen Propheten. Da sagte er zu ihnen: Ihr aber, für wen haltet ihr mich? Simon Petrus antwortete: Du bist der Messias, der Sohn des lebendigen Gottes! Jesus sagte zu ihm: Selig bist du, Simon Barjona; denn nicht Fleisch und Blut haben dir das offenbart, sondern mein Vater im Himmel. Ich aber sage dir: Du bist Petrus, und auf diesen Felsen werde ich meine Kirche bauen, und die Mächte der Unterwelt werden sie nicht überwältigen. Ich werde dir die Schlüssel des Himmelreichs geben; was du auf Erden binden wirst, das wird auch im Himmel gebunden sein, und was du auf Erden lösen wirst, das wird auch im Himmel gelöst sein.

Der Felsenmann

Im Petersdom in Rom läuft ein riesiges Schriftband rund um den ganzen Innenraum, hoch oben unterhalb des Gewölbeansatzes. In lateinischer und griechischer Sprache sind da die Worte zu lesen, die Jesus im heutigen Evangelium zu Simon Petrus gesprochen hat. Sie klingen so feierlich, haben ein solches Gewicht, dass sich die Frage aufdrängt: Wer ist der Mann, vor dem Jesus derart Großes sagt?

Der Vater des Petrus, Jona oder Johannes, wird heute genannt. Der (wahrscheinlich ältere) Bruder hieß Andreas, sie stammten aus Betsaida am See Gennesaret und waren Fischer. Petrus war verheiratet. Von seiner Schwiegermutter ist einmal die Rede. Jesus hat sie von einem starken Fieber geheilt. Eine christliche Überlieferung will von einer Tochter des Petrus wissen, Petronilla mit Namen.

Aber nicht die Lebensgeschichte des Petrus interessiert das Evangelium, sondern sein Glaubensweg. Am Anfang steht der Ruf Jesu an ihn und seinen Bruder: „Kommt, folgt mir nach! Ich werde euch zu Menschenfischern machen."

Die heutige Szene ist ein Wendepunkt. Wer ist der, mit dem sie nun schon seit Monaten unterwegs sind, für den sie Beruf und Familie verlassen haben? Sie haben viel erlebt, haben gesehen, wie er Kranke heilt, wie wundersame Dinge geschehen, etwa dass sich ein paar Brote durch sein Segenswort in ihren Händen beim Austeilen an Tausende vermehren und alle genug zu essen bekommen.

Wer bin ich? – So fragt Jesus sie an diesem abgelegenen Ort im Norden Galiläas, bei den Jordanquellen, bei Cäsarea Philippi. Sie haben viel gehört, was die Leute so reden, was sie von ihm halten. Alle sind sich einig, dass er ein Gottesmann, ein Prophet ist. Aber ihr, die ihr mit mir unterwegs seid, wer bin ich für euch? Das ist die Stunde des Petrus. Fest und bestimmt sagt er: „Du bist der Messias, der Sohn des lebendigen Gottes!“ Die Antwort Jesu macht Petrus für alle Zeiten zum „Felsenmann“. Was Simon Petrus feierlich verkündet hat, bleibt für immer der Felsen, auf dem die Kirche fest steht: Jesus ist mehr als ein Prophet, er ist der Sohn Gottes, der Messias, der Heiland.

Und Jesus verheißt: Keine Macht der Welt, selbst nicht die des Todes, wird die auf diesem Glauben erbaute Kirche überwältigen. Jesus sagt aber auch klar, dass Er selber diese Seine Kirche bauen wird. Sie ist nicht Menschenwerk, sondern Gottes eigener Bau.

Petrus gehört nur zum „Bodenpersonal“ des Himmelreichs. Aber er ist der erste, der oberste „Hausverwalter“. Jesus hat ihm die Schlüssel seines Reiches anvertraut. Petrus ist nicht der Besitzer, nur der Hausbesorger der Kirche. Seine Aufgabe ist es, möglichst vielen die Tür zum Reich Gottes zu öffnen, hoffentlich auch uns. Öffnen kann er, hineingehen müssen wir selber.

Allerheiligen

Matthäusevangelium 5,1-12a

In jener Zeit, als Jesus die vielen Menschen sah, die ihm folgten, stieg er auf einen Berg. Er setzte sich, und seine Jünger traten zu ihm. Dann begann er zu reden und lehrte sie. Er sagte: Selig, die arm sind vor Gott; denn ihnen gehört das Himmelreich. Selig die Trauernden; denn sie werden getröstet werden. Selig, die keine Gewalt anwenden; denn sie werden das Land erben. Selig, die hungern und dürsten nach der Gerechtigkeit; denn sie werden satt werden. Selig die Barmherzigen; denn sie werden Erbarmen finden. Selig, die ein reines Herz haben; denn sie werden Gott schauen. Selig, die Frieden stiften; denn sie werden Söhne Gottes genannt werden. Selig, die um der Gerechtigkeit willen verfolgt werden; denn ihnen gehört das Himmelreich. Selig seid ihr, wenn ihr um meinetwillen beschimpft und verfolgt und auf alle mögliche Weise verleumdet werdet. Freut euch und jubelt: Euer Lohn im Himmel wird groß sein. Denn so wurden schon vor euch die Propheten verfolgt.

Ein himmlisches Programm

An Allerheiligen hören wir das Programm aller Heiligen. Wer so lebt, wie Jesus es in acht Anläufen beschreibt, der wird „selig" werden. Wer das in acht Punkte zusammengefasste Lebensprogramm Jesu übernimmt, dem verspricht er, dass er ganz und gar und für immer glücklich werden wird.

„Heilige" sind nicht nur die, deren Namen im Heiligenkalender stehen, sondern alle, die das Ziel des Lebens gut und ganz erreicht haben, die also „ewig selig" geworden sind, schlicht gesagt „die im Himmel sind". Das sind, so dürfen wir hoffen, unendlich viel mehr Menschen, als alle, die im Verzeichnis der Heiligen namentlich stehen.

Es sind sicher viele. Sind es alle? Kommen wir alle in den Himmel? Wir dürfen es hoffen. Jesus spricht von einer engen Tür, durch die jeder muss, der das letzte Ziel, die Seligkeit des Himmels, erreichen will. Heute zeigt er acht Wege, wie man durch die schmale Pforte zum ewigen Glück kommen kann, acht Haltungen, Lebenssituationen, Lebenseinstellungen, für die Jesus gewissermaßen eine Erfolgsgarantie gibt.

Dabei vertröstet er nicht einfach auf eine ungewisse Zukunft nach dem Tod, die wir ja nicht kontrollieren können, weil keiner von uns schon ganz „drüben" war. Jetzt schon nennt Jesus alle die „selig", die auf diesen acht Wegen gehen. Damit riskiert er, dass sein Programm jederzeit überprüft werden kann.

Und gerade da wird es kritisch. Denn wenigstens die Hälfte dieser acht „Glücksregeln" klingt so, dass kaum jemand Lust bekommt, sich auf ein solches Programm einzulassen. Was ist glücklich daran, arm, trauernd, verfolgt, verlacht, verachtet zu sein? Genau das will doch keiner freiwillig. Jesus bestreitet auch nicht, dass all das ein Unglück und großes Leid bedeutet. Aber er schaut von diesem Leid nicht weg. Es gibt auf dieser Erde weit mehr Arme als Wohlhabende. Es gibt unermesslich viel Leid, Tränen und Trauer. Und wie viele Menschen leiden unter Verachtung, Spott, Quälereien aller Art. Allen diesen sagt Jesus nicht: „Pech gehabt! Ihr seid halt nicht auf der Sonnenseite des Lebens gelandet, ihr müsst euch mit eurem Unglück abfinden."

Im Gegenteil: Jesus gibt in feierlichster Form die Zusage, dass alle Tränen getrocknet, alle Not beendet werden wird. Er tut es mit einer sprachlichen Wendung, die nur von seiner jüdischen Muttersprache her verständlich ist. Da die Juden den Namen Gottes aus Ehrfurcht möglichst nicht in den Mund nehmen, umschreiben sie ihn gerne: „Sie werden getröstet werden" heißt: „Gott selber wird sie trösten." Oder „Ihnen gehört das Himmelreich" heißt: „Gott selber schenkt ihnen sein Reich, nimmt sie auf in seine selige Gemeinschaft."

Jesus sagt den Armen und Leidenden dieser Welt sicher zu, dass Gott auf ihrer Seite steht. Für ihn sind sie nicht die Vergessenen und Verstoßenen. Darum nennt Jesus sie „selig".

Ist das nicht doch eine Vertröstung? Nein, denn Jesus nennt auch all jene selig, die sich mit Gott auf die Seite der Notleidenden stellen. Selig nennt er die Gewaltlosen, die Barmherzigen, die nicht an der Not des anderen vorbeigehen, die Friedensstifter und alle, die sich mit ganzer Kraft für die Gerechtigkeit unter uns Menschen einsetzen. Menschen mit geraden, reinen Herzen, nennt Jesus selig, weil sie Gott ganz nahe sind.

Solche Menschen machen andere glücklich, sie trösten und lindern Not. In ihnen wird spürbar, dass Gott kein Leid übersieht. Ein Stück Himmel wird schon in diesem irdischen „Tränental" gegenwärtig. Gibt es ein besseres Glücksprogramm?

Allerseelen

Johannesevangelium 11,17-27

In jener Zeit als Jesus in Betanien ankam, fand er Lazarus schon vier Tage im Grab liegen. Betanien war nahe bei Jerusalem, etwa fünfzehn Stadien entfernt. Viele Juden waren zu Marta und Maria gekommen, um sie wegen ihres Bruders zu trösten. Als Marta hörte, dass Jesus komme, ging sie ihm entgegen, Maria aber blieb im Haus. Marta sagte zu Jesus: Herr, wärst du hier gewesen, dann wäre mein Bruder nicht gestorben. Aber auch jetzt weiß ich: Alles, worum du Gott bittest, wird Gott dir geben. Jesus sagte zu ihr: Dein Bruder wird auferstehen. Marta sagte zu ihm: Ich weiß, dass er auferstehen wird bei der Auferstehung am Letzten Tag. Jesus erwiderte ihr: Ich bin die Auferstehung und das Leben. Wer an mich glaubt, wird leben, auch wenn er stirbt, und jeder, der lebt und an mich glaubt, wird auf ewig nicht sterben. Glaubst du das? Marta antwortete ihm: Ja, Herr, ich glaube, dass du der Messias bist, der Sohn Gottes, der in die Welt kommen soll.

Allerseelenhoffnung

Er hätte nicht sterben müssen. Wäre Jesus rechtzeitig gekommen, es hätte nicht so weit kommen müssen. Warum musste Lazarus sterben? Marta, seine Schwester, kann ihren Schmerz nicht verbergen. Ein Vorwurf schwingt mit, als sie Jesus begegnet, dem Freund dieser Geschwister, bei denen er so oft abgestiegen ist, wenn er als Pilger nach Jerusalem kam. „Warum bist du gerade jetzt nicht gekommen, wo unser Bruder Lazarus so krank war? Gerade jetzt hätten wir dich gebraucht. Du hättest ihn heilen können. Du hast doch so viele geheilt. Sicher hättest du auch deinen Freund, unseren Bruder Lazarus gesund gemacht, und er wäre nicht gestorben."

Wie oft haben sich ähnliche Szenen wiederholt. „Wir haben so gebetet, dass die Mutter wieder gesund wird. Gott hätte sie doch heilen können. Warum hat Gott sie uns genommen?" Wie viele solche Gebete sind schon gebetet worden. Hört Gott doch nicht auf unsere Notrufe? Lohnt es sich überhaupt, zu beten? Ist Gott im entscheidenden Moment einfach nicht da, so wie Jesus gerade in den Tagen der letzten Krankheit des Lazarus nicht bei seinen Freunden war?

Oder müssen wir uns einfach mit dem Tod abfinden? Gehört er nicht zur Natur wie das Fallen der Blätter im Herbst? Mag sein, aber was wenn der Tod einen jungen Menschen aus dem Frühling seines Lebens herausreißt? Oder wenn eine unheilbare Krankheit ein Leben mitten in seiner Fülle und Schaffenskraft abbricht?

Gewiss, manchmal wird er Tod als „Erlösung" aus langem Leid erlebt, als Befreiung aus qualvollem Dahinsiechen. Marta und Maria haben den Tod des Bruders Lazarus auf jeden Fall nicht so erlebt. Für sie kam er viel zu früh und hinterließ die schmerzende Wunde des Abschieds und der Trennung. Trotzdem ist Marta nicht verzweifelt. Ihr Glaube schenkt ihr einen großen Trost: „Ich weiß, dass mein Bruder auferstehen wird." Sie glaubt an das ewige Leben. Für sie ist mit dem Tod nicht alles aus. Sie glaubt sogar an die Auferstehung der Toten, was damals und heute wieder von vielen nicht geglaubt wird, dass wir auch leiblich vom Tod erstehen und nicht nur als Seelen weiterleben werden. Sie glaubt also, dass ihr Bruder, der nun schon seit vier Tagen im Grab liegt, nicht immer dort bleiben wird. Sie glaubt, dass er und alle Toten „am Jüngsten Tag", am Ende der Zeiten, mit Leib und Seele, als ganze Menschen, lebendig sein werden, nicht so wie jetzt unser Leib ist, sondern in einem unsterblichen Leib. Sie glaubt das aus ganzem Herzen. Einmal wird sie ihren Bruder wieder finden, nicht als blassen Schatten, sondern lebendig und leibhaftig. Sie glaubt das, auch wenn sie es sich nicht so richtig vorstellen kann.

Auch ich glaube es. Es ist der Glauben der Kirche, die Überzeugung der Christen. Ich glaube, dass es dieses wirkliche, wahre, neue und glückliche Leben geben wird, jenseits des Todes, wo kein Tod es mehr zerstören kann.

Ich glaube aber auch, was schon Marta geglaubt hat und was so viele nach ihr geglaubt haben: Dass es nicht nur ein Leben nach dem Tod und eine Auferstehung der Toten gibt, sondern dass es auch schon vor dem Tod ein neues Leben gibt. Wer an Jesus glaubt, lebt auch schon vor dem Tod. Jesus sagt von sich, er sei das Leben. An ihn glauben macht lebendig. Wer ihm vertraut, braucht den Tod nicht zu fürchten, wann immer er kommt. Mit Jesus steht man auf der Seite des Lebens, nicht des Todes.